U0928057

BECOMING A 3D CEO

THE ULTIMATE GUIDE TO UNLEASHING YOUR INNER LEADER

三维管理法

如何高效地打造优质团队

[西] 路易斯 · 阿尔瓦雷斯 · 萨托 著
宋俐娟 译

民主与建设出版社
· 北京 ·

图书在版编目（CIP）数据

三维管理法 /（西）路易斯·阿尔瓦雷斯·萨托著；宋俐娟译 . -- 北京：民主与建设出版社，2021.8

书名原文：Becoming a 3D CEO: The Ultimate Guide to Unleashing Your Inner Leader

ISBN 978-7-5139-3667-5

Ⅰ . ①三… Ⅱ . ①路… ②宋… Ⅲ . ①企业领导学 Ⅳ . ① F272.91

中国版本图书馆 CIP 数据核字 (2021) 第 152039 号

三维管理法

SANWEI GUANLIFA

著　　者　[西] 路易斯·阿尔瓦雷斯·萨托
译　　者　宋俐娟
责任编辑　胡　萍
封面设计　尛　玖
版式设计　宋可心
出版发行　民主与建设出版社有限责任公司
电　　话　(010)59417747　59419778
社　　址　北京市海淀区西三环中路 10 号望海楼 E 座 7 层
邮　　编　100142
印　　刷　唐山市铭诚印刷有限公司
版　　次　2021 年 11 月第 1 版
印　　次　2021 年 11 月第 1 次印刷
开　　本　880mm × 1230mm　1/32
印　　张　6.5
字　　数　160 千字
书　　号　ISBN 978-7-5139-3667-5
定　　价　42.00 元

注：如有印、装质量问题，请与出版社联系。

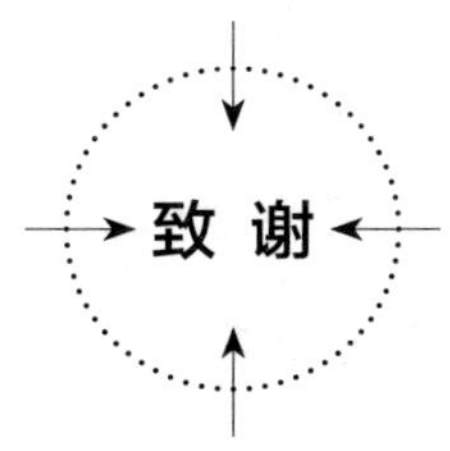

于我而言，写书是一种迷人的冒险。在本书的写作过程中，许多人的参与让我印象深刻。正是大家的参与、帮助、质疑和挑战让本书变得更好。

感谢我的妻子奎卡，感谢她鼓励我勇敢分享经验教训、职场故事和多年的管理心得。

感谢我的孩子们。得益于孩子们的耐心倾听，我在写作的不同阶段里，才会有灵感进行不同的思考。

感谢我的父亲。他在本书即将完成时，再次询问我写作的初衷，使我反复追问自己，为什么要写本书。答案有三。一是我想让读者知道成为一名CEO需要什么能力；二是想要激励读者结合实际反思现状；三是想让读者对领导力有新的认识，采取新的行动。

感谢本书的测试稿读者慷慨地抽出时间仔细阅读，为我提供了有效的反馈。

感谢维克多·布拉沃，他是我的朋友，也是我的同事，他的鼓励和批评成就了本书，帮助我确定了本书的最终版本。同时，我也要感谢鲁道夫·卡彭蒂埃、乔伊麦考马克、克莱尔·梅森、玛丽亚·格拉齐亚·佩科拉里、康纳·奥尼尔5位CEO。

米格尔·阿尔瓦雷斯很认同我在本书中提到的CEO核心能力，同时也提出了非常具有挑战性的问题，推动了本书的创作进程，升华了写作高度，让本书的内容更加引人入胜、清晰和鼓舞人心。

感谢我所有的朋友和同事，在我心中他们才是这本书的真正作者。我们一起经历生活，一起让过去的故事重新绽放活力，一起实现本书的出版。在本书的编写过程中，我们遇到了一些困难，也从这些困难中学到了很多。然而，无论遇到何种困难，我们的情谊都亘古不变。

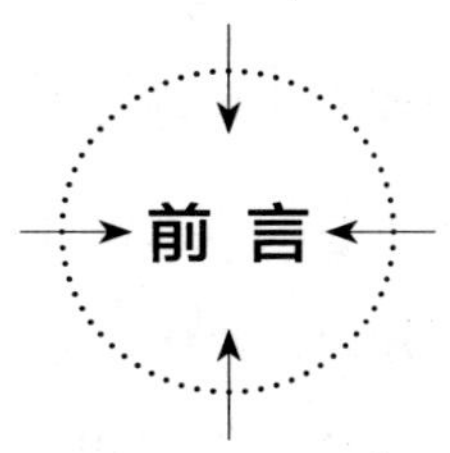

前言

毋庸置疑，我们在职场中的每一段经历都是在积累知识，这些知识可以重新塑造一个人。我收集了很多这样的知识，想与大家分享。在创作伊始，我就找了很多与领导力相关的书籍，收集整合别人的观点，以便更好地结合实际。如果我积累的知识可以帮助很多人做出更好的决定，或者鼓励他人成为更好的领导者，那么我的努力将是值得的。我希望大家永远都不要停止学习，这是拥有反思能力的独特机会。

我父亲对工作的热情深深地烙印在我的记忆里。在我十几岁的时候，我和父亲进行有关未来的学习、工作或兴趣的交流时，他都会告诉我："无论做什么，都力求做到最好。"我对工作如此充满热情就是因为听取了父亲的意见。

我在担任CEO的日子里，意识到自己也一直受母亲的影响，那就是要带着激情过每一天。我的母亲因心脏病去世，在去世前，她依旧追赶朝阳，活力满满。

我们的行为方式往往在童年时代就已经形成。童年记忆有意识或无意识地影响着我们的生活，影响着我们面对挑战以及日常工作的方式。在此基础上，我们依然可以重新认识自己、学习知识、调整心态、改进自我，甚至改变很多方面。

我是一名工程师，对技术的研究和应用充满热情。我相信组员和团队的组织力量。我喜欢与客户合作，也喜爱发掘业务，扩展其他业务。我享受新挑战以及新运营模式带来的颠覆或机遇，并且深信我们拥有无限的学习和发展能力。

在30年的领导团队经验中，我意识到很多人都希望学习和提高领导力，而体现领导力的最佳角色之一就是CEO。我的CEO生涯起步于一家国有公司，后来又担任全球电信领导者BT公司（英国电信集团）的CEO，任职期间处理数十亿美元业务，为全球范围的公司和政府提供电信服务。

在此过程中，我逐渐发现CEO的工作是多维度的，是对个人心态和专业技能的挑战。你会在这项工作中学到很多知识，高强度的工作会迫使你进步，让你变得更好，直至走向成功。CEO的工作包括三个维度：首席教练官、首席参与官和首席推行官。

在我介绍完CEO的三个维度后，我会继续讨论CEO该如何将这些维度应用于最关键的工作领域中。这三个维度有很强的关联性，将它们结合使用才可以产生最佳效果。

同时，我也会向大家讲述我在担任CEO时遇到的困难和教训，分享成为CEO的有关建议、策略和技巧。此外还设计了自我反思、自我挑战的板块。希望你可以从本书中学到组织工作和运营团队的经验。

最后，无论你是否已经是一名CEO，是否有成为公司领导者的志向，是否对团队管理或资金管理感到好奇，本书都将非常有用，值得阅读。

在开始阅读之前，请注意以下几点。

因为我是男人，所以在提到我作为CEO的经历时，我写了“他”。阅读时，请你不要局限于“他”或“她”。

每一章的结尾都有一些问题供读者思考。希望在思考这些问题的时候，大家能够结合自身的发展，解开心中的一些疑问。

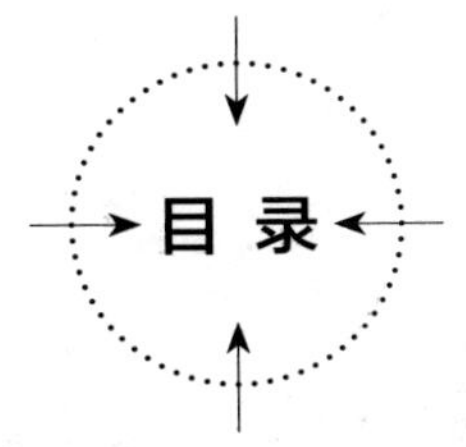
目 录

提高团队的参与度

利用团队的力量

第6章 培养客户对公司的依赖心理

激发高性能的工作效率

专注于实现愿景

创造变革

第 1 章

认识3D CEO

领导力存在于生活中的各个领域，因此，拥有一套独特的领导技能非常重要。这些技能可以被总结成三个维度，三者之间相互关联、相互促进且共同发展。我们对这三个维度把握得越好，在团队中的领导力也就越出色。于我而言，这三个维度对于CEO的工作尤为重要，因此，我称其为“3D CEO”。

什么是3D CEO

根据我的经验，成功的CEO往往扮演着三种不同的角色，每个角色都代表着领导力的不同维度。这些维度缺一不可，坚持这些维度我们就能获得个人的发展，从而走向成功。这三个角色分别是**首席教练官**、**首席参与官**和**首席推行官**[①]。

首席教练官负责组织构想。他应当激发团队激情，深化团队思维，鼓舞团队成员将知识和情感相结合。他还必须确定长期目标，巩固团队的价值观，既要用愿景将市场和客户联系起来，也要根据市场完善愿景，从而适应不断变化的世界。首席教练官还应让员工、客户和利益相关者都参与到愿景的制定和执行中来。

首席参与官必须将愿景与执行过程中的所有细节联系起

---

① 此处“首席推行官”的原文为Chief Execution Officer，而我们常说的CEO（首席执行官）全称为Chief Executive Officer，二者都可翻译成“首席执行官”。前者的中位词Execution更强调“实行、推行、实施、践行”等意思。后者的中位词Executive在此处的意思为“管理人员、有执行权的领导层”。因此，为避免混淆，前者Chief Execution Officer在本书中翻译为“首席推行官”。而原文中的CEO在译文中亦为CEO。——译者注

来。没有团队信任就无法绘制出目标愿景，没有团队的执行就不能实现愿景。他应当以身作则，推动组织达成客户目标，尽一切力量发展合适的团队，优化团队职责，构建团队规则，完善激励制度。他也需要让团队成员因实现目标而感到自豪。因此，他不仅需要将组织合作视为实现愿景的手段，还应该关注实现共同目标的整个过程。

首席推行官必须将愿景转化为实际计划，必须定义结果、度量标准、明确关键绩效指标、分配详细工作、确保方法可行，还应实施正确方案且对方案进行跟踪和推动。他需要以结果为导向，推动团队的变革，利用不同手段保证计划的全面实施。

这三个角色的完美结合才能确保CEO的成功。因此，最重要的是：如何将三个角色（维度）完全融入工作和生活中，并明确自己为什么要这样做。

我曾经有幸与美国的前国务卿亨利·基辛格共进午餐。我们讨论了什么是人工智能，及其给公司和社会带来的影响。人工智能具有积极的一面，能为健康、商业等许多领域的学习提供支持。但是它也有风险，影响某些工作的运行，甚至带来意想不到的后果。基辛格问道：“也许我们应该反思为什么要这样做？我们为什么要研发人工智能？”

可以提高效率，可以挑战我们的创新能力……这个问题有很多答案。我不禁陷入思考。有些时候，我们在开发技术或寻找解决方案时并没有清晰地了解想要实现的真正目标。因此，时而敲打自己，向自己提问十分必要。

总而言之，**首席教练官**的工作与CEO的**个人信念**、**个人动机**、**个人自豪感**和**个人幸福感**紧密相关。我很享受这种不断探索和开发自我的过程。

首席参与官的工作汇集了CEO的**软技能**、**无形资产**和**同理心**。这些因素至关重要。“别人告诉我的知识，我往往会忘却；我所自主学习到的才会让我铭记。”本杰明·富兰克林的这句名言很好地反映了参与是推动进度的第一步。

首席推行官依靠CEO的**硬技能**，即**专注于实际成果**。成功取决于面临挑战和机遇时的反应能力，以及达成目标所使用的技巧和方法。

采取哪种行动决定了你需要在岗位上扮演哪种角色。下面的案例讲述了新上任的CEO该如何组织团队参与、创建和发展其愿景。

乔·加纳被任命为美国全国保险公司的CEO，他的职责不是取得重大进展，而是继续保持原有公司的基础和轨迹即可。但是，在不断变化的金融服务行业中，他希望每个员工都能应对挑战。乔·加纳是一位活跃的博客作者，因此，他发起了“大对话”活动，进行了一系列面对面的会议和调查，旨在完善公司未来几年的全国范围的目标、任务和愿景。

乔·加纳团队收集并分析了两万多条反馈，针对这些观点对项目进行了重构和巩固，并取得了理想的成果。他与1.3万多名员工共享了工作成果，清楚地描述了他们面临的挑战和对未来的渴望。“大对话”活动让团队目标更加明确，也让员工有了更强的执行力。

为什么想成为CEO

我们必须问自己，是否真的想成为CEO，以及为什么想成为CEO。强烈的欲望才有可能让你真正成为CEO。

在考虑为什么要选择这样一个职位时，我们需要非常诚实地进行自我评估，考虑这份工作的三个风险。

有不少人是为了走上人生巅峰才想要成为CEO。毫无疑问，成为CEO会为自己带来权力、地位和财富。

第一个风险，拥有权力意味着“成为老板、经理”，意味着有能力决定和执行自己认为正确的事情，但如果因为一己私欲而做出错误的决定，就会为公司带来灾难。CEO身边的人喜欢随声附和，甚至盲目跟从CEO的指挥。“拥有绝对真理”可能会使CEO逐渐脱离实际，影响决策质量。

第二个风险，获得社会地位对职场人士来说很有吸引力，得到同事、业务合作伙伴和社会赞赏的感觉非常好。但如果一直沉溺于赞赏之中，CEO往往会鼠目寸光，做出的决定只能满足一时的利益。

第三个风险，获得财富往往是很多人担任CEO的明显动机。如果你担任CEO的主要目的是赚钱，那么你和这个职位是不匹配的。

此外，成为CEO还意味着拥有了三个机会，即帮助他人实现成就的机会；对社会、行业和公司产生影响，并为所有利益相关者创造价值的机会；因此获得自豪感和成就感的机会。

当你考虑担任CEO或担任任何高级职位时，请确保你已考虑清楚。你考虑得越多，风险就会越少，机会也越多。

在某个夏天，我接到了公司CEO的电话，任命我为执行委员会成员，领导一个面向公司内部的部门。虽然这是一个向公司高层晋升的绝好机会，但这不是我的首选。因为这项工作对技术要求很高，而且我更希望可以从和客户的合作中汲取能量，所以我拒绝了这个提议。这是一个艰难的决定，我也向公司CEO很好地解释了这一点。

18个月后，我被任命为全球客户联络部的最高领导。因此，也请各位坚持自己的信念，不忘初心。

思考

我们已经讨论了优秀的CEO应具备的三个维度。

现在请思考以下几个问题。

· 你在哪一个维度最擅长？

· 你最喜欢哪一个维度？

· 你周围的人会认为你的哪一部分工作做得最好？为什么？

· 你是否知道担任CEO的风险和机遇？

第 2 章

3D CEO应有的核心能力

核心能力是CEO成功的关键，它们是3D CEO三个维度的基础。我们应该建立自己的优势，最大限度地减少劣势对我们的影响，并开发新的领导技能。我们需要在执行前有所准备，掌握一些必不可少的核心能力。本章将列出每一个维度的核心能力。

3D CEO 核心能力图

推行官维度
参与官维度
教练官维度
专注力
沟通与鼓励
好奇心
决策力
战略性思维
强迫症
积极乐观
充满激情
谦虚学习
自我平衡
同理心
高标准
企业家精神
建立外部社交
韧性

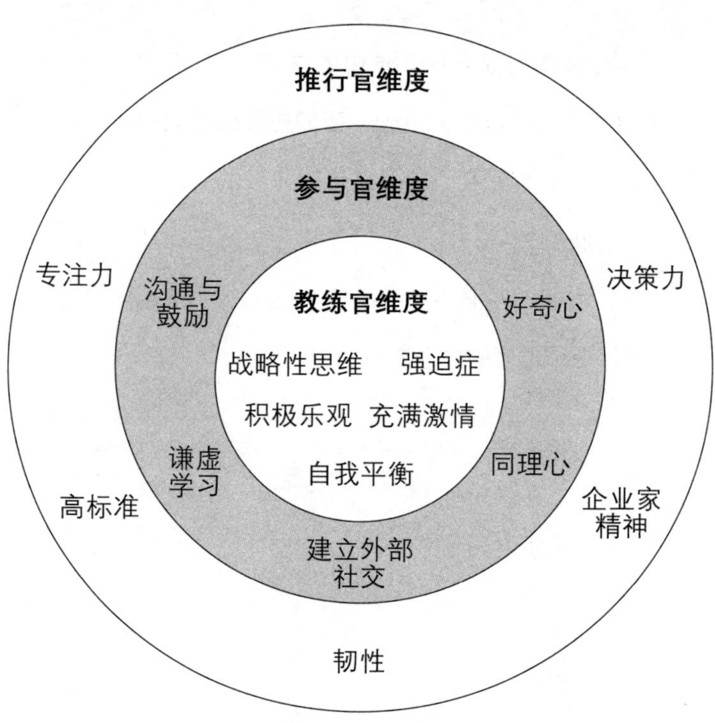

教练官维度：内功修炼

教练官的核心能力是一切行为的中心，是你自己修炼出来的内功。你需要具备战略性思维，要对事业充满激情，对工作保持乐观，并且具有自我平衡能力。

战略性思维

战略思考能力必不可少。我们应该创造未来，而不是等待未来。通过战略性思维，我们就能很好地着眼于未来，为未来绘制愿景。

首先，我们在脑海中构建公司模型，定义公司的未来形态。然后，以实际为基础，同时又不失野心地勾画愿景。最后，用简单的方法向团队成员描述这些美好的愿景，让所有利益相关者参与构建愿景。

想要拥有战略性思维，需要我们关注周围的事物和情况。市场变幻莫测，竞争对手的举动、业务改变等，都会带来新的机会和不可预测的形势。

还需要将新兴技术纳入视野。我们生活在一个数字化的世界中，成为数字化的领导者将拥有更强大的战略思考能力。

在我担任CEO期间，每当要讨论如何推动未来几年的增长之前，我都需要一定时间认真思考。在接下来两个星期的时间里，我将每天早上的第一个小时留给自己，仔细审查员工提供的信息和一些外部报告，并思考三种不同的方案来扩展我们的业务。

第一种是增加现有客户的份额，第二种是扩大服务范围，第三种是将我们的业务扩展到其他地区。但这三种方案无法同时执行，所以我与小组交流讨论，最终选择专注于现有客户，对新产品进行了一系列可控的额外投资，并且推迟了地区扩展计划。

强迫症

我认识的大多数商业领袖都有“强迫症”。具体来说，他们会有自己独特的行事方式，对事业和公司服务方面有固定的要求；他们会强迫自己提供更高水平的服务，强迫自己在市场竞争中赢得胜利，强迫自己招募最优秀的人才。商业领袖对核心技能需要抱有狂热的信念，践行自己的价值观，考虑每一个细节。

在一次业务重整中，我们设置了100个新职位，对内招募人才。我们要求所有经理申请其中任意两个职位，最后约三分之一的经理换了新岗位。换岗为团队注入了新的活力。

一家大型跨国银行的CEO告诉我，他很想为客户提供优质服务。他在考察时，一个分行的经理说，客户对打印账单的方式有一些不满和建议。CEO到技术部门查看，发现他们使用的是低成本墨盒，打印大量文件时，纸张会变脏。同样的问题在其他分行中也在发生。之后，公司对所有分行的墨盒供应进行了整改，打印质量明显提高了。通过这个案例，我们明白了在推动客户服务时，执着于改善每个细节至关重要。

积极乐观

积极乐观的心态能使挑战变成机遇，甚至让不可能成为可能。用积极乐观的心态对待新想法，自信、积极地进行讨论，有助于计划的实施。

我们有一个名为“奇迹俱乐部”的高级管理团队，专门负责激励团队成员保持积极乐观的心态，激励员工永不放弃。准备成为俱乐部会员的员工必须在纸上写下自己的名字，放入心愿箱，以此作为自己拥有积极心态的象征。

然而，保持积极乐观并不容易。担任CEO时总是需要克服很多障碍，自信会时刻受到考验。积极乐观是高度发达的内化力量，坚持始终如一，坚定对未来的信心，以及拥有应对逆境的能力非常关键。

掌握业务绩效的真实信息很重要。这让我在乐观与现实之间取得了平衡。盲目乐观无疑是巨大的错误。CEO的积极乐观不应掩盖困难的局势，而应帮助员工渡过难关。实事求是是保持乐观的前提，是取得胜利的关键。

有一段时间，我们某些落后的数据中心服务存在重大问题，一些客户没有得到他们期望的质量。其中一位客户告诉我，他们的外部网站因此受到影响，导致他们的终端客户也受到了影响。我们的态度积极主动：首先对这个问题表示歉意，接着提出了改进计划。我们要求客户共同参与，这样可以清楚地表明我们有信心妥善解决此问题。几个月后，我再次遇到了这位客户。他对服务感到满意，更重要的是，对我们应对危机时的积极态度印象深刻。

积极乐观的心态会影响我们周围的人和事。

充满激情

为了应对挑战、享受机遇、推动变革并领导团队，CEO需要对工作充满热情。每一个角色维度都对CEO有着很高的要求，这种高要求所需的耐力来自内心的信念。

每个员工和客户都会感受到CEO对公司的热情。保持激情将是实现公司愿景的手段之一，也是对社会做出贡献和产生影响的核心要素。你的眼神、语气和肢体动作都能传播激情。

如果你想成为一名成功的CEO，期望对社会产生影响，就必须尽可能充满激情地参与工作。

成为CEO所面临的困难和挑战是各种各样的，必须一直充满激情，尽全力而为。保持激情的力量应该来自你的内心和最坚定的价值观。

自我平衡

CEO的工作不仅对智力要求极高，对身体素质和情感也有要求。也就是说，我们必须在生活的各个方面都保持良好的平衡，头脑、身心都应该得到照顾。

当人们谈论工作与生活的平衡时，很多人认为他们一直在工作，没有生活。工作是生活中不可或缺的一部分，并且工作占用生活的大部分时间。

在给员工培训时，我总是建议在他们的生活中应该有工作、家人、朋友和自己的空间。对我来说，只考虑工作会令人十分沮丧。

为了保持平衡，我们需要找到精神能量的来源。家人是我最好的精神支柱，我的妻子和四个孩子给了我超强的动力。

有一天，我被评为“年度最佳电信工程师”，一到家我就迫不及待地跟大家分享了这个好消息。

孩子问我：“爸爸，你是所有工程师中最好的吗？”

“只在电信领域。”我回答。

“爸爸，你是世界上所有电信工程师中最好的吗？”

我说：“仅在西班牙。”

“嗯，还是很棒！”他总结道，并希望我脚踏实地继续努力。

有一位同事对自己没有足够的时间陪伴孩子而感到沮丧。我的回答是，这不仅与陪伴时间的多少有关，还与陪伴的效率有关。我问他是否和家人分享他在工作中遇到的事情，并告诉他，如果你告诉家人你对工作和对事情的看法，他们会感到高兴。

我的孩子和妻子，对我的工作都很了解。即使我的孩子还很小，我仍会向他们解释我引以为傲的主要产品和解决方案，以及对此感到兴奋的原因。反过来，我的孩子们也会告诉我一些他们在学校或体育运动中的经历和感受。

与员工或客户会面是我另一个重要的精神能量来源。我从每次谈话中都学到了一些新的东西，让我耳目一新。

紧凑的日程安排和商务聚餐会有害健康，但CEO必须适应这种忙碌的生活。所以，我们要健康饮食，适量运动，这有助于开阔思维，提高身体素质，减少患病的风险。健康的生活方法将使你成为更强大、更高效的领导者。

我坚持每天跑步已经有几年了。虽然一开始我感觉跑步很无聊而且难以坚持，但后来渐渐开始享受跑步的过程，跑步的距离更长，路线也更多样。我发现在跑步时可以思考很多问题，还可以在跑步时听音乐或学习新的语言。那些奔跑的时刻成为我与自己相处的特殊时光。

参与官维度：搭建沟通之桥

参与官维度的核心能力是指与外界建立联系的能力，帮助我们建立牢固的、有价值的关系网。它们是沟通、与团队同行、学习及构建强大协作网络的基础。

沟通与鼓励

鼓励他人需要将教练官和参与官这两个维度结合在一起，需要用各种方法激发利益相关者之间的利益。CEO所能影响的范围比你想象的要大。因此，无论你说些什么、做些什么，都可以激发他人的灵感，使他人不断获得启发。

每个人都不是天生的沟通者。这意味着，与CEO应有的其他技能一样，我们应该学习、训练和发展沟通技巧，并且不能害羞，要虚心向他人寻求帮助。

当CEO与大型团队交流时，沟通尤为重要。在我们传达信息之前，必须先做好准备，以确保工作的进度。我的公司在62个国家和地区拥有20,000多名员工。为了充分利用每次与他们交流的机会，我花费了大量时间进行准备。我使用思维导图将所有信息可视化，与支持我的团队紧密合作，积极地通过视频或语音通话来商讨重要信息。

“鼓励什么”和“如何鼓励”也很重要。无论你用什么方式传递信息，都要保证语义清楚。它既能鼓励他人，又能准确表达你的情感，比单纯地讲事实更有影响力。

好奇心

CEO必须是积极的倾听者，充满好奇心可以让你更积极地倾听他人。了解业务并从客户和员工那里获得反馈的最佳方法就是与他们进行对话。CEO喜欢和别人分享自己的经验，人们也总是期望自己的领导分享经验。但是，如果过度讲话而缺乏倾听，CEO可能会失去了解和学习新知识、新经验的机会。

有几次，我发现自己说话太多。在一次与英格兰北部团队的晨会活动中，我组织了一次圆桌会议，分享了我对业务的看法，以及该如何使用技术改变运营方式。当我停下讲话，留出时间让其他成员发言时，我发现团队成员有非常好的观点，而我却没有创造让他们及时分享的机会。会议之后，我接受了他们的建议，并以他们为基础，进行团队讨论。我从这件事中得到了教训，明白了倾听的重要性。

好奇心是一种对待客户非常有用的力量。对客户充满好奇意味着我们想要了解他们的业务、行业趋势和战略。准备好主动提问和倾听是一种强大的销售工具。

充满好奇心也会增加你对世界的了解，还能使你在分析问题时更深入。

多提问可以纠正你不善倾听的习惯，可以促使你多思考，可以让你找到解决问题的新方法。

谦虚学习

CEO的内心必定十分强大。一方面，我们要对自己充满信心，必须了解并相信自己的优势和能力。另一方面，我们也要谦虚做人。

谦虚也意味着对改变持开放态度。CEO需要听取并适当接受不同的意见，放慢脚步，不要太快得出结论。

CEO需要谦虚地表现出自己的能力，也要认识到自己还有更多的东西要学习。这种谦虚有助于团队和公司的发展。CEO需要通过开放自我获取新知识，也可以借此创建公司的学习型企业文化。

CEO还必须准备通过多个途径继续学习。多年来，我一直保持阅读。书籍、杂志和网络媒体等，都可以作为我的信息来源。同时，我会大量阅读文章、观看视频、关注作者，还会与我的团队分享一些新闻。这些信息有些来源于有名的期刊，有些则是出自其他大众媒体，还有一些来自小众的网络媒体平台。

同理心

靠近团队的领导者比远离团队的领导者更容易获得支持。CEO想要获得人心可以从激励他人入手。我一直试图了解团队成员的个人背景和职业抱负，希望公司目标与他们的个人愿望保持一致，我也渴望帮助他们实现目标。CEO可以充当两者之间的桥梁。

CEO必须敞开心扉。偶尔表露自己的脆弱能促进人与人之间的关系，团队成员之间也会因为看到了对方的脆弱而更加亲近。

团队经理经常要求CEO参加团队会议，以便团队能更好地与高级管理层联系。会议开始时非常紧张。作为CEO，我想方设法了解他们面临的挑战，也和大家诉说了我遇到的困难。

虽然没有讨论出完全正确的解决方案，但团队成员很高兴有机会与CEO进行对话，彼此加深理解。我和大家分享的不仅是造成挫败感的原因，还有担任CEO一职所面临的诸多挑战。接下来，我们进行了更为私人化的对话，分享了有关家庭和个人的故事。对于他们来说，这是认识高层的机会，而且这样的对话确实奏效。在此后的员工敬业度调查中，团队对高级管理层的满意度提高了至少20%。

同理心主要是在非正式的交流时刻产生的。在非正式谈话中，团队成员可以看到CEO更为人性化的一面，而且这些往往会令他们印象深刻。

几年前，一位销售专员在为对接大客户做准备，我经过他的办公桌，停下来问他在做什么。他先是对我与他一起加班表示感谢。继而我们讨论了交易方式，并提出了改善方案。这些时刻往往会让职员与CEO产生共鸣。

这一原理同样适用于客户。无论大事还是小事，无论他们是在工作中还是在庆祝公司成立周年纪念时，CEO都可以为他们遇到的问题提供帮助。这将帮助你与客户发展超出商业合作范围的朋友关系。

有一年，南美洲发生了大地震，对我的客户产生了很大影响。他们无法联系自己的员工和工厂，甚至无法为自己的客户提供服务。我们伸出援手，向他们提供支持，利用卫星暂时恢复了通信，帮助员工与家人进行联系，开展一些对他们至关重要的基本活动。几周后，我与他们的当地管理层进行了交流。他们非常感谢我们做出迅速的回应和慷慨的帮助，他们说这些帮助令他们此生难忘。

建立外部社交

CEO与外部建立社交是必要的，也是CEO获得知名度的绝佳机会。CEO应该在整个职业生涯中建立外部社交关系网络，定期联系他人，这也是树立良好公司形象和建立个人社交圈的好方法。

社交网络的广泛使用能帮助我们与他人保持联系，甚至建立新的社交。但对于CEO来说，真正的艺术在于如何维护这些社交关系网络。

建立外部社交有助于CEO建立思想领导力，并成为大众认可的领导者。我们可以继而开发个人品牌，成为公司的领头羊。

CEO不应分享或发布与公司价值观相悖的内容。每次发布内容时，我都会非常小心。**作为CEO，没有所谓的“个人意见”**。

有些文章、观点或新闻在共享时会影响市场走向。例如，作为世界经济论坛的参与者，我以公司的名义在博客上发布了许多文章。在一篇文章中，我就“机器人是否可以代替CEO”发表了意见，认为人工智能日益普及的问题令人深思，越来越多的科技辅助工具可以帮助CEO做出更明智的决定，提高工作效率。这篇文章在网络上引起了广泛关注，大大提高了我的影响力。

CEO应该与非营利组织保持联系，了解如何为社会做贡献。如果你能真诚地帮助他人，进行一些志愿服务或为公益事业筹集资金，你的知名度能够激发更多人去帮助他人、回馈社会。

王子托管基金便给了我不可思议的启发。他们致力于青年慈善事业，帮助青年人恢复信心并进入就业市场。我有机会加入他们，并带领一个团队参加了四次一年一度的宫廷骑行活动，从白金汉宫骑行到温莎城堡。我们参加筹集慈善资金活动时，遇到了许多来自不同公司的团队。尤其是最后一次活动，我的三个孩子也参与其中，他们的年龄与慈善机构帮助的对象的年龄相似。这段经历令我们感到十分荣幸，并且此生难忘。

推行官维度：修炼执行技巧

强烈的成就感往往与业绩有关。推行官的核心能力是最务实且最注重结果的能力，可以用来提高绩效，成为交付和完成目标的基础。推行官应该保持专注、自律、大胆决策、有进取心、高标准的自我要求，勇于面对挑战。

专注力

时间是非常珍贵的资源。CEO需要妥善管理议程和日程安排，合理规划时间、选对助手是成功的关键。也就是说，与他人合作的方式将在一定程度上决定你的工作效率。通过创建高效的团队，CEO能够节省更多的时间，更有效地回复电子邮件、准备会议，并取得更好的结果。

规定召开会议的流程可以使团队工作得更轻松、更高效。如果没有一定的流程，工作程序容易混乱，不仅会让自己失去专注力，还会对组织产生负面效应。

通常每周我都会安排一天时间，用来专门讨论有关服务和转型的问题。会前我会预先制定会议流程，例如，演示者必须提前发送文档以方便团队成员阅读，并在文档中标出会议的重点。我们将这种组织和召开会议的流程固定了下来，以便易于遵循。

CEO还需要对数据进行分析，辨别哪些是核心信息，哪些是无效信息。

我曾与一家咨询公司的人力资源主管就相关数据进行过一次讨论，发现他们正在关注无效信息。例如，我们正在辩论需要哪些数据来进行区域之间的有效比较。这位主管却告诉我，在一家公司中，关于薪水的讨论必定激烈，所以公司员工的平均工资是一项重要数据。然而很快，大家意识到只关注平均工资的数据是没有意义的。不同国家的市场情况千差万别，我们需要在有价值的数据上花费时间，而不是盲目分析。

决策力

做出最终决定是CEO的职责之一，必须在组织团队讨论后，明智地做出最后决策，以便团队继续执行计划。

许多年前，我在与法律顾问讨论公开招标的方案时，也讨论了招标的项目标价。他根据以前的项目向我提供了一些数据，但是由于项目标价涉及风险，他不愿意给出明确的建议。我告诉他，也许他认为不提出项目标价会更安全，但我认为这是我们应该承担的风险。这是一个大胆的决定。最后，我们交易成功，为成功实现公共部门业务打下了基础。

高标准

CEO应该营造一个健康且严格的工作环境。用高标准要求一切看似不切实际，但这可以大大提高工作效率。

CEO应制定有难度但合理的目标，如果实际目标无法实现，可能会导致员工脱离工作轨道。

我从一个客户那里得到过很好的建议。他是一家服务中心的负责人，负责开展新设备的销售。在一次团队会议中，他们统计了第一次录入系统的订单百分比是93%。由此，团队设定了95%订单的目标。

企业家精神

CEO的必备技能之一就是拥有企业家精神。企业家精神是对传统公司CEO形象的高度补充。

拥有企业家精神意味着你必须准备冒险。企业家在创业之初可能没有多少资产，并且极具风险，但可以通过扎实的风险管理来平衡这种状况。

充分了解CEO所面临的风险是承担风险的重要前提。当出现问题或市场发生变化时，CEO应该以最快的反应来规避风险。CEO拥有敏捷的决策力能够让公司更有竞争优势。了解市场并迅速采取行动可以确保公司进入新领域或确保业务增量。

正如诗人盖尔·阿塔尔所说：**“船只在海港中是安全的，但那不是造船的目的。”**CEO在考虑风险时请记住这句话。

在这种环境下，直觉和创新非常重要。所以，CEO的个人知识和第六感很重要。

韧　性

工作中总会有困难的时刻。韧性是支撑大家不断前行的重要力量。CEO需要应对各种不确定性。例如不断变化的监管框架，邀请新的参与者进入市场。这种不确定性将影响你的团队，成员为了保障项目方案的确定性，会向你寻求帮助。尽管CEO自己也无法提供确定答案，但不得不为团队答疑解惑并接受现实。

CEO必须自己做出一些决定。这些决定可能是你处于战略十字路口的抉择，又或是要求某人离开公司的决策。

CEO还将面临失败，进而想要放弃。做出放弃的决定时，就注定会导致失败，面对困难风暴，CEO需要带领团队保持目标一致，保持镇定。所以，拥有韧性至关重要。

我曾带领团队参加一家石油和天然气公司的竞标，整个团队都有信心取得胜利。我们努力了很久，甚至在周末选择加班，但结果还是输了。团队成员非常沮丧，甚至有人认为我们永远不能赢。尽管我们失败了，但销售总监和我依旧向辛勤工作的全体工作人员表示感谢。

虽然没有中标，但大家的努力并没有白费，我们所学到的经验仍然可以在其他投标中借鉴，服务其他客户。后来，我们拜访了这家石油和天然气公司，让他们放心，未来的我们会继续努力。他们赞赏了我们的姿态，安排了一次会议来解释我们失败的原因。我们在这次会议中努力学习，尽管有些不知所措，但仍然享受与客户一起共度的时光，争取把握下一个机会。18个月后，我们拿下了这家公司的其他更重要的业务，与客户建立了更牢固的情感关系。

思考

在这一章中，我们介绍了成为3D CEO所需的三大核心能力，当然想要完全掌握需要时间。在成为CEO前，最好先考虑一下哪些是你的强项。针对自己目前已具备的每种能力，从1分到5分来进行评分。

按照你所想，保持一贯的风格，同时也要制定实现自我完善的时间、标准和流程，以便检查进度。

本章用蜘蛛图的方式做了一个总结，图中包含了3D CEO的三大核心原则，每个原则各有五个核心能力。

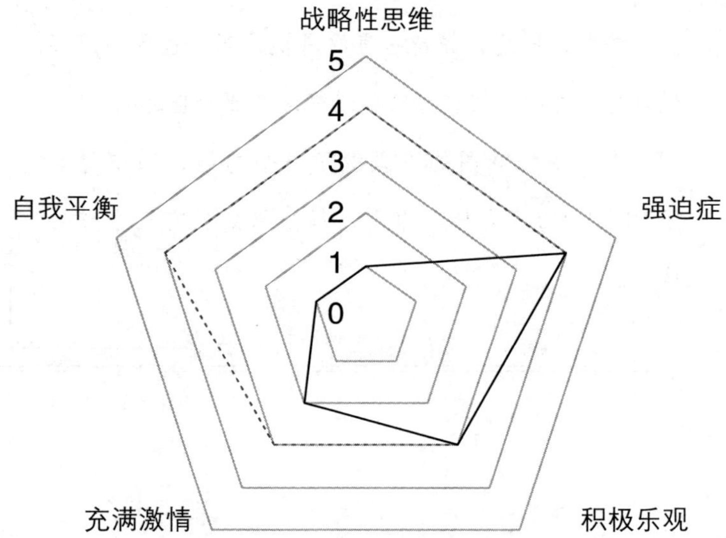
教练官能力
——我目前的能力
……理想的能力
战略性思维
5
4
3
2
1
0
强迫症
积极乐观
充满激情
自我平衡

参与官能力

——我目前的能力　　　　……理想的能力

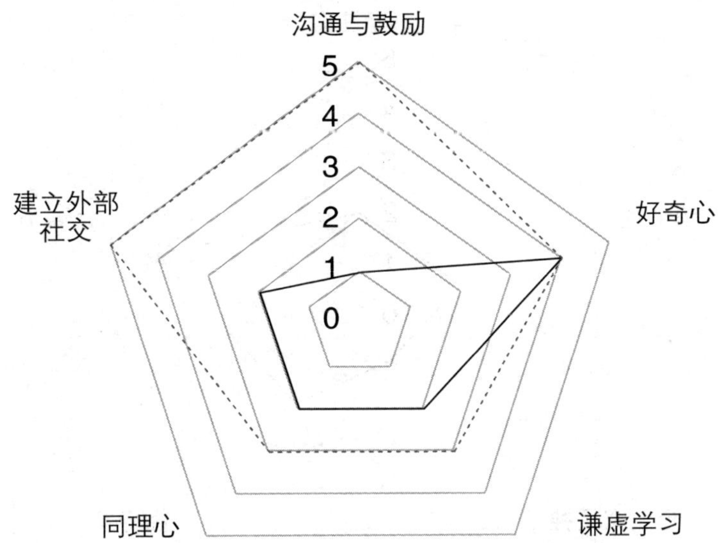

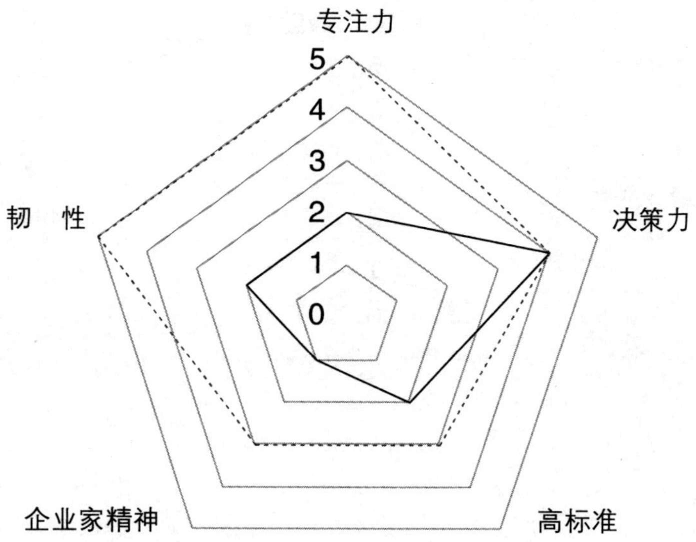
推行官能力
——我目前的能力
……理想的能力
专注力
5
4
3
2
1
0
决策力
高标准
企业家精神
韧　性

第 3 章

构建愿景

初为CEO时，你或许会问：我该从何做起？

董事会、市场和员工对CEO的期望不尽相同，也并不明确。对坐上这一位置的你而言，你必须确保在自己离开时，这家公司的状况比你刚接手时的状况要好。作为CEO，你需要为公司所有利益相关者（客户、员工、供应商、股东和社会）留下可以增值的资产，需要以此为志，令以后的自己能为此自豪。

明确你想要实现的目标

你面临的第一个挑战是想清楚这些事情：你要达到什么目标？公司最初的经营目的是什么？你在内心所构造的愿景是什么？你是否可以完成这一目标，并将此目标作为执行的基础？

也就是说，**构建明确的愿景是CEO成功的关键**。在清晰明确的规划下，你可以和主要利益相关者一同确保公司的运作符合预期构想，从而避免纠纷。这也是公司长期可持续发展的基础。

然而，想要拥有长远的眼光并非易事。

2010年，我去了印度，与班加罗尔印度理工学院院长的聊天给了我很多收获。他认为："我们必须定义自己想要的成就。在印度，水处理对百姓生活的影响至关重要。我们计划在10年内达到行业领先，所以，我们决定创建一个新的水处理系统。水处理问题是一个需要公司、政府、社会和大学共同合作的专业领域，需要领先的专业知识。如果你没有构建好愿景，没有计划，就无法与他人一起执行，目标也很难完成。没有长远目标的管理就好比一个人想成为最佳运动员，却迟迟决定不了训练哪个项目。”

从那时起，我开始重新思考愿景的构建，努力确定我们应主攻哪些领域，然后调整投资，招聘人才和明确目标重点。这才是CEO建立愿景的核心。

对于构建愿景的下一步，我们还应回答公司所提出的一系列关键问题。

我们为什么存在？——明确任务发问。

我们想成为什么？——愿景内容发问。

我们打算怎样实现？——执行策略发问。

然后，CEO才能继续做出响应。

你将如何衡量进度？——绩效考核。

每个团队必须做什么？——运营计划。

每个人必须做什么？——个人计划。

所有这些都由以下价值观所支撑。

我们代表什么？——业务架构。

当以上所有问题有了明确的答案，团队成员才能够为共同的目标积极参与，不断为目标做贡献。

描绘清晰的愿景

在构建愿景之后，CEO的下一步应当是决定如何描绘或定义愿景。公司愿景是对一家公司长久发展的描述，清晰地讲解如何实现愿景的步骤十分重要。

当我被任命为CEO时，我花了几周的时间来确定公司的愿景。我们与不同的利益相关者进行了大量的对话，总结了以下四个关键部分。

第一部分是利润——来自产品和服务的利润。我们需要确保即使其他领域利润在下降，也不放弃公司的发展重点，不脱离客户和产品。

第二部分是成本。我们希望每天都能更有效率，关注生产的单位成本比总成本更重要。

第三部分是我们的业务本质——提供服务。我们希望发展长期合作的客户。让客户体验到快乐，他们的购买欲望就会变强。

第四部分是优化团队，提高员工敬业度，使其成为公司成功的关键要素。

我们的口号：新一代全球服务。

我们的愿景：创建一个成长型的公司，每天提高效率，与热衷于与我们合作的客户，以及与众不同的人们合作。

构建愿景的四个关键要素：利润、成本、客户服务和员工敬业度。

定义完毕之后，与利益相关者一起实践计划很关键。无论是部门领导、地区执行官，还是集团CEO，都必须让决策行之有效。

因此，CEO必须成功创建愿景，在组织内部和外部共享愿景，使执行成为可能。CEO的教练官维度将创造出独特的方法激励团队，从而动员团队高效行动。

与团队共享愿景

愿景不是束之高阁的观赏物。成功的公司需要将愿景置于所有工作的核心之中。与你的团队共享愿景的目标是让大家记住它。所以，你面临的挑战是，如何将愿景与让人印象深刻的事物联系起来，或是与容易产生共鸣的事物联系起来。

务必选择一个鼓舞人心的形象代表你的愿景。项目可以带有挑战性，但必须切实可行。如果这个项目的挑战性非常大，而最终你们完成了，那么它带来的影响将十分惊人。从某种程度上来说，CEO应是使不可能变为可能的人。

在我担任西班牙业务的CEO时，为了提高利润，策划了一个为期多年的项目。我们希望在项目开展前，能够充分地激励大家。于是，我们想到用“阿空加瓜山”的名字来命名我们的项目。阿空加瓜山是安第斯山脉的最高峰，是许多伟大的登山者梦寐以求的高峰之一，象征着我们想要实现的新挑战、新目标。

对于这样的挑战，CEO首先需要制订可靠的财务计划和成本分析。

团队中的每个人都开始用“阿空加瓜山”来指代项目。我们在项目海报上画了山峰和不同角色，明确了目标，还邀请了一位有经验的登山者参加我们的活动。

在完成项目的过程中，全体成员必须坚定不移，勇往直前。当大家的身体极度疲惫时，CEO要保持坚定的心态，并鼓舞士气。

充满挑战的目标需要应变能力和专注力，这就是我们选择阿空加瓜山的原因。两年后，我们完成了这个项目的大部分目标。

让行动与目标保持一致

一旦确定了愿景，向团队阐明了雄心壮志，下一步就尤为重要了——保持行动与目标的一致性。通常，这些计划的期限为两到三年。将内部计划与愿景联系起来往往需要时间。因此，一旦确定了计划就必须保持团队在执行时的一致性。

大教堂建造者

在描述愿景，并让团队成员为此自豪时，我最喜欢讲的故事就是“大教堂建造者”。

这个故事讲述的是一个男人路过一个建筑工地的事情。工地上有两个工人都在做同样的工作。他们正在从一大堆砖头中取砖，抹上水泥，然后将它们彼此叠置，砌成墙壁。工人甲砌墙很快，而工人乙在放置每块砖块后会短暂停下来，确保在开始下一块砖块之前将其牢牢固定。男子对此很感兴趣，向工人甲走去，并问工人甲在做什么。工人甲带着惊讶的表情看着那个男人，双手向墙张开说道："我正在把砖和水泥砌在一起。你看不到吗？""谢谢。"男人又走向工人乙，问了同样的问题。工人乙停了一秒钟，看了看他，又看了看墙壁和墙壁上方，自豪地说："我正在建造一座大教堂。"

这就是每个组织都需要的"大教堂建造者"。并非每个人都能成为建筑师或设计师，但是每个人都可以是"大教堂建造者"。故事中的工人乙知道自己的工作目的。更重要的是，这种方向感和远见使他既自豪又负责。他知道自己砌的墙将成为大教堂的重要组成部分。因此，他希望自己砌的墙能与这样的伟大建筑保持一致。显然，建筑师或建筑经理花时间向工人们解释过他们正在建造什么，以及为什么他们的工作如此重要。但是，归根结底，个人态度决定一切。

故事与动员

为了巩固我们在市场上的领导地位，改善财务业绩，我们曾经进行过部门改革。与任何大型公司一样，CEO需要安排尽可能多的人来完成改革计划。

我们向各部门的120位高级经理阐述了转型计划，并分享了"大教堂建造者"的故事，希望每个人都感到自己是业务建设的核心部分。

我的团队打算建立的业务与建立大教堂很相似，已经拥有的业务是现有基础，例如稳固的客户基础、良好的产品组合、声誉卓著的服务，以及遍布全球的成熟敬业的团队。但这只是基础。

在分享了四个业务驱动因素背后的实际计划之后，我们希望有情感上的支持来推动计划落地。

用砖头建造的“墙”决定了能否建成“大教堂”。有人建议说，可以在砖头上签名，用来表示承诺。于是我们真的找来砖头并在上面签名，直到我离开公司之前，这些砖头一直留在我的办公室。

这个故事被迅速传播，我开始收到集团成员从世界各地寄来的签名砖。我们的德国团队建立了一个网站，可以在网上设计并打印自己的纸砖。我们的金融市场团队认为“大教堂”的主题与股票交易所的钟声十分契合，因此引入了精美的青铜钟。在美国的达拉斯团队开始用砖砌墙，赢得每一笔交易就加一块砖。他们在办公室入口处骄傲地展示他们取得的进展以及大家的贡献。更重要的是，“大教堂”主题代表着构筑事业的共同雄心。

与各地区团队建立联系

作为CEO，你的信息必须传达给整个公司。大型跨国公司在与各地区团队进行联系时会面临巨大挑战。CEO需要确保各地区的团队成员都能感受到领导者的存在，所以利用信息技术来缩短物理距离，是非常好的选择。但也不能完全依赖信息技术，虽然它拉近了人与人之间的距离，但无法确保能够建立如同人们在面对面沟通时建立的牢固情感联系。

在和各地区团队开会前，让会议内容更加本土化是获得正面影响的关键。分散的地区团队很容易边缘化，他们从公司那里得到的感觉可能与中心团队的感觉截然不同。但是，客户会在全球的不同地点与我们的团队会面。我希望客户无论身在何处，每次获得服务的体验都能一致。因此，与各地区团队建立联系，以及保证目标传达给每个成员至关重要。

我在银行工作时，有幸认识了一位西班牙大型银行的CEO。我问他作为CEO的最大挑战是什么。他说："最困难的工作是在每个分行推广新政策和新产品。减少从中心发布指令到本地执行指令的时间是一个挑战。有时，在小型的偏远分行中使用新产品，需要花费数月的时间。"

与他一样，我也面临着类似的挑战。对于阿根廷布宜诺斯艾利斯数据中心的团队来说，他们很难感知和捕捉到与南非德班团队相同的信息精神。不要忘记偏远的团队，才能让所有人保持一致地实现你的目标。这种一致性需要清晰阐述的愿景，以及严密的组织架构。

使愿景成为现实的前提条件

一旦愿景被赋予了情感联系，CEO就必须有方法来支撑愿景。有三个因素需要考虑：一是制定切实可行的业绩目标，二是提供促进信息传播的工具，三是与员工的日常工作相关联。

支持人事经理

支持人事经理是CEO的一个重要的工作原则。当你与位于不同位置或部门从事不同工作的团队打交道时，人事经理的角色至关重要。正如我前面提到的，一致性是必不可少的，CEO可以通过人事经理来加强一致性，让他们负责实现愿景落地。

我需要管理分布于62个国家和地区的3,000名经理人，有些部门经理还不具备足够的知识和经验来分享我的信息。在这种情况下，弄清楚每个人是否适合整体战略十分重要。每个人的日常工作以及他们如何把控全局，这些都需要CEO帮助实施。

这是教练官维度与参与官维度相融合的关键之处。

于是，我们通过创建Playbook来协助人事经理做好员工培训。最初，它只是通过幻灯片来展示，其中罗列了一些问题，以便部门经理与他的团队更容易理解内容的含义。后来，我们利用视频和社交软件实现了全体互动，这些方式促进了团队协作，更好地传达了信息。

我们的人事经理们举行了超过2,400场会议，接触了我们全球的所有员工。他们收集了许多有关如何弄清某些领域的问题，让我们可以针对特定市场进行反馈。后来，我们的员工敬业度提升了18%。这就是公司所有领导者共同努力的结果。

结合市场构建愿景

构建公司宏伟愿景时，CEO应该不断与市场接轨，使用战略思维来构建愿景。从不同的合作伙伴中获得支持，让客户、分析师和供应商都了解你的愿景，才能最大限度地实现成功。

无论你从事何种业务，问一问自己，客户决定向你购买商品的理由，这个问题很重要。CEO应尽快确定独特的销售计划，进行内部整改和投资。

确定销售计划的最佳方法是与客户沟通。将客户的声音纳入你的视野，能使销售计划更具吸引力，增加成功的机会。

你必须回答涉及客户的问题，例如：你的产品愿景是什么？哪些服务与你的客户相关？

我曾经接洽过一家大型制造公司的首席信息官。他们公司的业务主要是与顶尖公司合作，为这些公司设计和制造高科技设备。他们在全球各地都有工厂，十分需要团队间保持联系和协作。

他询问了我们的公司愿景，并希望我描述我们的产品、服务和市场趋势。对于CEO来说，与客户面对面地沟通是一个难得的机会。我决定利用画图来进行描述。

我们为客户提供的服务核心是网络。因此，我画了五个框来显示核心设备，并画出连接它们的线，以显示它们的关联——这是构成网络的核心。新的解决方案是通过“云”提供的。这意味着服务和应用程序可让多个参与者在不同的基础结构上使用。

他们面临着有多供应商环境，所以他们需要一个“云中云”平台，以便补充他们的“混合云”平台。

我一直在画图，直到我们的平台能够给他留下一个完整的印象。随着讨论的进行，我们产生了继续完善“云中云”平台的愿景。

在接下来的几天里，我们决定与更多的客户和利益相关者一起测试这个计划草案。我们的团队和客户的反应如此之快，令我感到惊讶，也让我为共同创造的想法感到高兴。它向我展示了一个组织围绕一个想法团结起来的真正力量，以及内部观点和客户需求融合产生的独特结果。

在外部挑战中预设愿景

美国高德纳咨询公司总部的办公环境如一座安静的森林，在这里可以进行思考、反思和研究。与他们的CEO和许多分析师的交流会令人振奋。我向大家解释，本次会议的目的是通过听取他们的意见来了解我们不足或错误。在交流会中，我向他们展示了“云中云”系统，回答了他们的问题。他们就市场和客户方面提出了意见。

在接下来的几个月里，我们向其他参与者提出了自己的想法，例如易昆尼克斯、华为和思科。我们与谷歌、亚马逊和IBM进行了讨论。还与Salesforce和一些金融科技公司合作。在每次对话中，我都能了解我们的价值所在，了解到需要改进的地方，以及领先的参与者们为何准备与我们合作。

我们审查了在产品组合和基础架构方面的投资，以确保我们所做的一切都是为了支撑“云中云”。网络投资、平台开发、系统改进、监视和策划工具等，这一切都为核心战略服务，而且只为核心战略服务。我们开发和改进了安全平台，用于支持这种开放灵活的环境，确保专业服务能够帮助客户导航到云服务的旅程。整个团队都了解到该如何让产品组合与一个庞大的组织保持一致，这一切都令人着迷。所有团队成员都受到了影响——销售人员学习了如何向客户解释它，技术设计师整合围绕云平台的服务，产品经理调整产品线。

但是我们从不沾沾自喜。我们继续问同样的问题：我们的产品还存在什么问题？我们缺少什么？这是电信公司将一系列产品和服务推向市场的一个重大变革。

这可能是我职业生涯中最骄傲的经历和成就之一——共同创造持久的投资组合规划。这一伟大规划协调了整个公司，让员工感到自豪，让客户产生共鸣，让市场认可并相信其与众不同。

思考

在本章中，我们讨论了规划公司愿景的重要性，以及CEO该如何使用不同的核心能力来实现愿景。请你思考以下问题。

·在三到五年内，我对业务有什么规划？我可以做些什么？

·我能以个人的方式来解释公司愿景吗？

·我可以与客户、团队和市场分享愿景吗？

·我可以向孩子们解释这一成就，让他们为我的工作感到自豪吗？

如果你对自己的答案感到满意，那么你做得很好。请确保你的教练官维度将每个人都转变成一个“大教堂建造者”。

第 4 章

提高团队的参与度

提高参与度可以使每个人全心全意朝着实现共同愿景前进。要实现公司的愿景，CEO需要与团队成员不懈地交流和倾听，与所有利益相关者进行个人联系，让他们充满信念、自豪感和信心，并在整个过程中散发积极的能量。

通过沟通提高参与度

沟通，沟通，沟通。

这是首席参与官的一项核心能力。你领导的团队越大，沟通越重要。

沟通是为了保证每一个成员都有足够的参与度。CEO需要掌握许多核心能力，例如鼓舞他人、同理心和积极倾听。确保每个人都致力于为公司做贡献，以最高的质量执行任务并超越自我。最关键的是，要让每个人的行动都能充分发挥作用。

定义沟通的信息

进行交流时，你应该清楚要传达的核心信息，知道哪种交流渠道最适合你的听众，最后再决定传达不同信息的最佳方式。

定义信息是正确沟通的基础。你正在努力实现什么？你期望听众如何做？CEO可以通过共享信息、发布新闻来告知大家正在发生的事情，但这样做对提高全员的参与度作用不大。虽然你的员工阅读了该新闻，但他们并不清楚该新闻与自己有什么关系。因此，这样的沟通是无效的。CEO需要确保在每次交流时，都知道自己为什么这样做，核心信息是什么，以及该信息与受众有何联系。

沟通的内容可以包括一些你希望一致使用的基本原则或想法。在确定信息的内容时，我使用了三个词：**感恩、自豪和信心**。

感恩就是感谢员工付出的努力；自豪即是对所取得的成就感到自豪；信心是利用我们所学的知识来实现自己的计划，坚定对未来的信心。

在沟通时，请考虑我们最稀缺的资源——时间。不管人们通过什么渠道接收你的信息，如果他们看后觉得是在浪费时间，你就会失去他们。请确保你所说的内容清晰明了。这会大大节省彼此的时间，提高你的影响力。

对于你的团队来说，不仅要找出他们更想了解的主题，还需要确保这些消息的内容是清晰的、不断重复的，并且能被轻松理解。

用故事传达主旨

讲故事有助于传达主旨。我曾经在公司内部撰写网络日志，将我们的业务与餐厅业务进行了比较。以下是我用来对比的故事。

我的餐厅

我经营了一家很棒的餐厅，这家餐厅在美食专家中享有很高的声誉。甚至在米其林指南的“世界上最好的餐厅”名单中榜上有名。顾客喜欢我们的食物和特色菜，经常反复光临品尝。有些回头客不仅光顾我们的餐厅很多年，还和朋友分享了我们的餐厅，让我们成了他们生活的一部分。他们在我们的餐厅里庆祝了周年纪念日、生日，甚至进行业务洽谈。

我们与顾客打交道的方式是我们成功的原因之一。例如知道史密斯先生是素食主义者或皮尔斯夫人患有糖尿病，这对提高餐厅服务质量有很大的帮助。客户从预订餐桌开始，再到走进门、打招呼、与我们相识，所有环节的服务都需要保持一贯水准。

最后还有非常重要的两项注意：一是确保给他们正确的账单；二是确保他们既能用现金支付，又能用信用卡支付。

我们经常对菜单进行讨论。例如，我们是否向客户灵活提供他们想要的东西？这样做有可能引发无法挽救的后果。但如果客户的选择范围太有限，又会降低餐厅对他们的吸引力。因此我们的菜单必须呈现7：2：1的比例。展开来说，首先是一套非常标准的菜肴（70%）；其次是一定程度的可选择性（20%），例如肉的烹制方式、口味的重与淡；最后是提供个性化点餐的出色能力（10%），例如家长可以为孩子点一份菜单上没有的普通煎蛋。

确保服务人员对菜单的了解程度也至关重要，我们每天早上都会就此对员工进行适当的培训。

我们还需要不断创新和调整菜单，根据季节提供不同的服务。客人们非常欣赏我们的创新，这都是源于我们对口味和其他商品的深刻了解，以及对厨房技术的见解。

但我们也会犯错——当客人对菜单修改太多次，或是服务员误解了客人的要求。服务团队和烹饪团队之间的对接与客户体验息息相关。犯错后我们会付出很大的代价，即使我们为客人再做一顿全餐，他们的满意度也依然会下降。

我们在厨房中也面临着巨大的挑战。有一段时间厨房员工过多，工作环境拥挤，导致菜品制作水平下降。聘用太多厨师不仅会产生天价费用，还会出现厨师们重复完成菜单、每个人都想以不同的方式呈现食物甚至改变口味等问题。高效的厨房应该是配置合适的人数，厨师既能得到明确的指示，又能拥有责任心和完美的执行力。

如果没有好的食材，也不可能成为一家很棒的餐厅。管理供货商是一门艺术。充分了解供货市场，以适当的价格获得高质量的食物，也十分重要。

为了让客户体验到零失败的服务，餐厅必须拥有最优秀的人才。我们的侍酒师、侍应生、厨师长和厨师都必须充分了解客户体验。

我清楚地知道，做到最好是十分艰难的，每一天几乎就像是从头开始。这就是我为我们的餐厅感到骄傲的原因。

选择沟通渠道

我在2007年7月首次担任大型国际集团的CEO职位时，开始写集团内部博客。我的职责覆盖欧洲、亚洲、非洲和拉丁美洲，需要管理一支由8,000多人组成的团队。我总是问自己：该如何分享？如何以一种有趣且易于理解的方式与团队沟通？

公司的内部博客为我提供了机会。我不需要定期发表我的博文，只需写下真实的体验，配上图片（我成了自拍专家），与团队成员共享我的想法和感受。博文应该写得很简单，内容尽量照顾到每个人。对于非英语母语国家的人来说，使用简单的日常英语来写，能让他们更容易阅读。需要强调的是，博客必须是个人的。没有人可以代写。直到离开这家公司，我写了10年的博客。10年间，虽然有些博文的质量并不总是像我曾经发表过的正式文章那样好，但它至少是新鲜的。读者欣赏的也是内容的真实性。如果你决定创建博客，则必须有坚持写下去的毅力。

大众的反应是不同的，总有一些读者有不同的意见。有很多追随者会来找我，谈论我的上一篇博文，或者只是表达对担任CEO的兴趣。博客是一个非常强大的补充工具，可以帮助我以非正式的方式发布重要消息。

CEO还应掌握更多的沟通渠道。数字时代开辟了新的沟通渠道，CEO需要付出额外的努力来协调和充分利用每个功能。

不同的渠道可用于不同的目的。

电子邮件主要用于一对一通信，也可用于小组通信。我们可以对内容进行个性化设置，但邮件内容需要简短、精练，观点要集中。在使用电子邮件作为沟通渠道之前，请问自己几个问题：你将亲自处理哪些电子邮件？助手将管理哪些电子邮件？你对邮件的回答会引发不必要的响应吗？请务必考虑清楚你使用电子邮件的方法，以免影响你的工作效率。

官方通信渠道用于内容丰富的信息或新闻。每位客户都能接收到消息，但个人可以订阅他们想要接收的内容，保证内容与他们有关联。

其三是社交媒体，包括公司内部的社交工具和外部网络的社交工具。社交媒体为CEO提供了创建和发展个人品牌的机会。发布的内容应在你的行业知识和个人思考之间取得平衡。

其四是软件聊天。聊天软件提供了一种灵活的方式来讨论主题、共享信息、发布问题，或庆祝新的业务交易。CEO可以对客户提出的问题做出快速反应，也可以获得重要新闻，从而提高个人效率。

其五是视频。根据内容的不同，可以是信息集中的简短视频，也可以用于详细讨论特定主题的较长视频。

其六是线上沟通，例如视频或音频会议。

其七是面对面沟通。面对面活动是产生更多互动的最好机会，但也是在时间和金钱上投资最高的。

开展令人难忘的活动

开展活动代表着最大的投资和机会，我们更应该仔细地研究它们。无论规模大小、地域分布或业务类型如何，精心准备的内部活动都会助益良多。活动不只是一个大型会议，它可以采用分组讨论的会议形式，也可以只是一个大型演讲。活动可以针对核心团队，也可以覆盖广大员工。

确定活动目标是关键。开始策划活动之前，你需要思考当活动结束后，人们拥有怎样的感受和想法？在接下来的日子里，你期望员工有什么样的行动和工作态度？

活动应具备**完备的计划**、**良好的执行**和**适当的宣传**。经过深思熟虑的议程可以对公司的业绩产生影响。或许你听过这样的话："早上的活动很好，但下午的内容很无聊，我也不知道他们想从我们这里得到什么。"忠言逆耳利于行。CEO要和告诉你真相的人亲近，而不仅仅是只听取蜜语。

有一年，我们为新的财年计划举办了一个全球性的活动。这是一年一度的重要活动，需要周密的计划，所以我们用了整整两天的时间来进行策划。

为即将举办的活动选择合适的场地非常关键。在适合的场地中，才可以营造热情的团队合作氛围。

我们还邀请了许多分析师和客户参与此次活动，以确保我们有外部参考。

总之，团队活动要注意三点。

第一，与整个团队同时共享相同的清晰的信息。这些信息非常重要，可以确保CEO以自己想要的方式进行沟通。CEO还需要提供讨论问题和解决问题的机会，让大家互相交流，使参与者成为解决方案的一部分。

第二，促进团队内部的协作和联系。人的不同行为可以影响事情的进度。如果你想更快地实现目标，你应该鼓励员工以打电话的方式进行沟通，而不仅仅是发送电子邮件。当然，人们通过一些活动进行面对面的交流，会让目标更容易快速实现。

第三，提供外部参考，使活动与公司目标紧密关联。CEO可能会遇到一位打破传统业务的行业专家、一位残酷的财务分析师，也可能会听到客户解释购买产品的原因和产品需要改进的地方。

CEO必须跟进活动的后续发展。这不仅可以提升活动的价值，还可以为以后的活动奠定基础。

识别并清除沟通障碍

定义明确的沟通信息和**管理良好的沟通渠道**，可以使你的沟通更加有效。但是，总会有噪声或障碍物阻挡信息的传播。CEO需要始终注意什么会成为噪声或阻碍物。我们需要知道，传达任何信息的最大障碍是它无法解决听众的实际担忧。他们在想什么？什么可以阻止信息以你想要的方式传播？

了解你要说的内容和人们想听到的内容之间的差距也很重要。一次好的内部沟通，会让团队倾听公司的意见。要知道你的沟通很容易成为单向的、自上而下的消息，变成仅仅是反映

CEO的观点或公司正式消息的沟通。所以，CEO需要用一种有效的方法来倾听团队成员，了解他们的想法和困难，以及他们所关注的问题。

如果CEO不解决这些问题，那么你的核心信息将无法传达给每个人。这些问题会成为员工心中的障碍，导致他们不想听你所说的内容。他们的担忧、疑虑或困难所产生的“乌云”，将遮挡你要提出的关键点。

关注地方的新法规也十分重要。

有一次，我们前往南非约翰内斯堡，与当地团队召开会议，会中主要介绍和分享了一套新产品组合，以及地方团队应该如何出售它们。但是，地方团队主要关注的内容是当地政府对黑人的经济授权计划，以及我们有没有应对此政策的方案。所以，他们并没有真正参与到会议中来。

区域经理带头分享了当地员工的真正想法。他们担心如果公司不迅速采取行动，应对当地政府的最新政策，他们将面临失去工作的风险，并且无论我们使用什么新产品，他们根本无法在那里开展任何业务。所以他们想知道，公司能为此做些什么。于是，我们先解释了专门针对当地新政策的计划，然后才继续进行其他介绍。

这次会议给我的启发是，在尝试与人建立联系之前，先了解对方的想法。团队和部门负责人在内部沟通中扮演着关键角色。领导者需要促进会议的开放性，倾听团队的真正担忧。

处理文化多样性

另一个产生沟通障碍的重要因素是文化多样性。关注文化因素或语言使用方式将使你的交流更加成功。无论你是哪个国家的人，对不同的文化都有很多刻板印象。文化在交流中都扮演着重要角色，有了良好的文化意识，你就可以建立正确的同理心。

在英国，我遇到了很多“有趣”的表达方式。

“也许你可以再看一下你的数据”，意思是“你的数据很垃圾，你需要再做一遍”。

“也许我们应该马上离开”意味着“如果我们继续进行讨论，我会变得暴力，因为我非常不同意你的观点”。

CEO在与拥有不同文化背景的人打交道时，要理解语言差异的重要性。

CEO还需要考虑其他国家的大型文化庆典和节日。圣诞节对我和我的家人都很重要。但是，身在全球化的公司中，你必须对穆斯林的斋月、中国的春节和印度的排灯节表示同样的尊重。

文化多样性使你的团队更加丰满。与来自不同国籍的人组成的团队，比一群想法相同的人能更好地解决问题。

尽可能多地倾听

参与官应该是团队中最好的听众之一，必须系统地、始终如一地倾听成员的想法和顾虑，以确保获得的反馈有价值且可行。我们还需要听进去，让他人的建议能够对自己产生积极影响。所以，我们应建立一个“倾听时刻”。

“倾听时刻”是指在一些特定场合，通常是在非正式场合或会议上，与会人接受他人的建议，或者是分享对一些事情的切身体会。无论这些建议和体会是针对哪一领域，你都可以从中得到启发或发现问题。

当我想倾听别人的想法时，一般选择在参加早餐圆桌会议时进行。如果有了合适的氛围环境，“与CEO共进早午餐”这个活动可以鼓励人们敞开心扉，毫无顾忌地交谈。

这种圆桌会议可以帮助你了解团队在特定位置的想法，还可以解释为什么队员在某些项目中没有尽他们所能做到最好。当然，它还可以向你展示这是一种很好的实践，应该在公司的其他部门进行这种活动。

举办这种活动时，要允许人们自愿参与，也要保证与会者的身份丰富多样。毕竟我们的目标是让那些工作遇到了困难和挑战的人参与活动，而不仅仅是那些永远支持领导工作的人来。

用最有力的一句话来提高参与度：你认为呢?

CEO总是非常繁忙，很少有时间留给那些不以行动为目的的沟通。你可以经常使用最有影响力的一句话：你认为呢？这句话可以改善你们的对话，提高员工的参与度。因为这让员工觉得你对他们的观点感兴趣，他们会觉得自己是解决方案的重要成员。这句话还会帮助你考虑可能会忽略的方面。

下次开会的时候，试着先问一问同事“你认为呢”，等到会议的最后再分享自己的想法。

在我的职业生涯中，我曾多次尝试这种方法。与其简单地告诉他们必须做什么，甚至是指导他们应该怎么思考，不如使用上述做法，多多询问他人的看法。

指导他人的技巧

许多人认为指导他人就是分享自己的经验，把自己学习和克服困难的方法告诉别人。指导他人时可以遇见想要提高自己的优秀人才，所以要尽可能地利用这个机会。

在指导他人时，你应做到以下三点。

第一，你要把你学到的经验教训，用简单易懂，以及他人可以接受的方式表达出来。你必须对一些困难的问题先有自己的答案，比如：你如何与一个难相处的老板打交道？你遇到的最具挑战性的客户是什么样的？你如何进行深度学习？

第二，你要了解每个人的背景，深入了解团队成员的日常生活。他们面对的问题是什么？他们如何处理这些问题？从这个意义上说，如果你指导的是一个多元化的团队，这会让你对一个地域内的人都有一些认识。

第三，你要利用每个机会了解更多信息。能够寻求指导的人通常都愿意有所作为。他们有与你不同的观点和思维方式。他们看过你不曾看过的东西，甚至是你平时接触不到的组织。勇敢地向他们寻求帮助，你会惊讶于他们的非凡能力。

走出象牙塔，让自己被员工看见

繁忙的日程和长时间的会议是CEO躲在办公室里的借口。有人称之为象牙塔。尽管生活在自己的办公室里令人感到安全，但是每天只与一些特定的人交往，就会像只井底之蛙，认为所接触的一切就是全世界。

CEO要在参与内部会议和参与其他活动之间取得更好的平衡，走出自己的办公室，多和员工见面交谈。你可以通过简短的聊天来与他们讨论面临的挑战，聊聊周末过得怎么样。

你可以把你在公司其他部门的见闻告诉他们，从而推动这个部门的发展和变革。你可以成为传播花粉的蜜蜂，用思想、经验和方法来促进不同领域的繁荣。

在你被他人看见的时候，你的参与度也将随之发生天翻地覆的变化。同事间的接触、个人关系的密切互动都是提高参与度的有效方式。当我们与他人在没有约定便突然见面时，将有机会在新的环境中认识他们。你可以在自己的日程中安排这样突然见面的时间，就像一个不按套路出牌的CEO。你可以选择见面的地点（主办公室、远程办公室、视频会议等），以及你活动的频率（每天在公司食堂吃午饭或每个月去一次不同的部门）。见面的地点和时间并不重要，重要的是与人交谈、提出问题，并准备好接受他人的回答和反馈。

你还可以把它制定成某个项目，以确保整个领导团队可以经常与员工见面。例如，我们创建了一个称为“回归基层”的计划。

为了让公司高管了解和指导基层员工在不同业务领域的实际工作，我们确定了整个组织在工作时的角色，并选择了一天回归基层。那天，300名经理和从事常规工作的基层员工结成了一对对的伙伴，在员工中产生了深刻的影响。

掌握识人艺术，练就火眼金睛

在一个组织中，有人传递新闻，有人制造新闻。一个好的领导者应将这两者区分开。

例如，每当我们签下一笔大客户交易时，往往会有一位资深人士大肆宣扬这个成功的故事，而这位资深人士往往不是签下这笔大生意的关键角色，隐藏在背后的人才是真正值得被人认可的英雄。真正优秀的球队会一直专注于赢得比赛，他们没有时间去想其他事情。

精准识别成就的创造者，会带来很多好处。对成功的个人而言，这种认可让他们对自己的交付能力充满信心；对团队而言，可以树立一个榜样；对公司而言，可以给更多员工带去灵感，激励更多的人实现更大的成就。

记得说“谢谢”

感恩可以产生巨大的影响。我们总是不善于表达对他人顺利完成工作的感谢。感谢是非常重要的沟通——人们喜欢听感谢的话，享受被夸奖和被关注。

这种鼓励的话可以是自发地或系统地对他人进行夸奖。每个公司都会有付出最多、收益最好、解决问题最努力的个人或团队，对他们进行嘉奖，可以影响其他个人或团队的工作。

如果那些取得非凡成就的个人和团队能直接得到CEO的夸奖，一定会更加喜出望外。而我也会根据与他们的谈话来归正我的行为。

在某种程度上，你不只是分享或传播信息，你就是信息本身。人们会看你的外表容貌，听你的谈吐言语，关注你的举止行为。你每天的表现将决定你的影响力。你创造的氛围将有助于商业目标的实现，并成为公司文化的一部分。

赏识默默无闻之人

想想那些存在感不高的人。你知道他们的事吗？了解他们吗？你是否感觉在周围人的眼里自己是透明的，没有存在感？这就是员工在高层领导面前的感受。对他们微笑、说早安或晚安，只要通过几句话关注他们的存在，就能对他们和团队的其他成员产生巨大影响。

与利益相关者保持密切联系

CEO还要和其他重要的利益相关群体保持密切的联系，以便获得他们的鼎力相助，比如**股东**、**客户**、**董事会**、**媒体**、**分析师**、**投资界**、**社会团体**，以及**政府部门**和**监管机构**。

首先，要和尽可能多的股东保持密切的联系，并让他们在很多观点上与自己保持一致，尤其是确保他们支持公司的愿景和发展目标。

让客户参与公司的规划也至关重要。让客户意识到他们是实现公司愿景的核心，将会鼓励他们购买产品和服务。他们的建议将会促进公司成长和持续改进。

还应让董事会讨论、理解和支持你制定的目标，了解这些目标如何创造价值。董事会代表股东，他们的职责是保证公司的正确治理。每一位董事会成员都可以单独帮助制定区域战略，他们可以充当投资组合开发的共鸣板，可以在公司内部或与客户交涉之间起到重要作用，促进目标的实现。

媒体为扩大市场提供了很好的渠道，积极的宣传将有所帮助。这意味着CEO要关注和学习不同产品的不同宣传方式，通过媒体发布一些新闻，让消费者对公司和产品更感兴趣。

CEO应该花大量时间与分析师和投资者接触。他们可以帮助公司集中精力，得到更好的发展。他们提出的问题和挑战会让你思考和反思目标。在公司发展的某些关键时刻，CEO需要高度关注投资者。让清晰的视野、良好的联系和坚实的表现完美结合，可以提高公司的信誉，提高投资者的信心。

在一些监管严格的行业，与政府和监管机构打好交道至关重要。多与政府和监管机构打交道，了解他们工作的特点、理解他们对业务的要求很有帮助。在必要时，为了维护公司最大利益，可以与他们进行强有力的对话。坚持自己的原则并不意味着会破坏公司与他们之间的关系。

最后，你还需吸引其他社会团体，例如行业协会。

与所有利益相关者的接触程度越高，就越容易实现你的愿景。规划好你和团队与利益相关者沟通交流的时间，为团队成员做好相关的任务分配和角色安排。

保持积极乐观

在公司处于困难时期时，团队会向你寻求指导，他们不仅会在意你说的话，还会关注你说话的语气，你的积极态度将对计划的执行有所帮助。但乐观和脱离实际之间有一条微妙的界限，所以要在两者之间找到平衡。

悲观者抱怨风，乐观者期待风向改变，积极的现实主义者调整风帆。CEO的影响力可以决定团队面对困难的态度。

CEO和其他领导人一样，可以快速改变团队的态度。与其问为什么目标没有实现，不如问需要做些什么才能实现。

我们曾经讨论过推出新的资费套餐，虽然这可能会扰乱市场，但是有助于稳固我们在高速宽带服务业务中的地位。一位产品经理在会议中提出了反对意见，认为不能在此时推出新产品。他的论据十分充分：我们没有合适的系统，平台还没有得到足够的实践认证，很难在市场上找到合适的专业人才，我们在培训销售人员时遇到了挑战。然后我们改变了会议的主题，开始讨论必须做些什么才能克服这些问题，而不是坐在这里欣赏这些问题。

会议结束后，我们制订了一个清晰的计划，包括系统更新、培训计划和批准投资的时间表。我们把产品发布日期改成一个更符合实际的日期，由此我们也把一个消极的讨论变成了一个积极的讨论。

这种鼓舞人心的方式可以解决很多看似不可能完成的任务。

思考

在本章中，我们讨论了如何提高CEO的参与度，以便与团队和其他利益相关者维系良好的关系。

请仔细考虑以下几个问题。

·你花了多少时间准备你想要传达的信息，决定使用什么渠道来进行传播?

·你用哪些正式和非正式的渠道进行交流?

·你在交流中的主要障碍是什么?你是如何应对的?

·你如何与你的团队或同事建立友好密切的关系?你对他们的生活了解多少?他们工作和生活的动力是什么?

·你如何表达感谢?

·你面对过哪些文化多样性的挑战?

第5章

利用团队的力量

参与官是团队质量的重要监管者。这个角色必须是一个标准化的管理角色，确保团队成员成为最强大的资产之一。这意味着参与官要积极地选择、发展、组织、指导和授权团队。伟大的产品技术、坚实的客户基础和卓越的财务业绩需要一个强大的团队来支持，才能让它们更加卓越和可持续发展。大胆一点儿，不要在招聘、改变和发展核心团队上难以取舍。

选择团队

打造直属团队是CEO最紧迫和最重要的任务之一。新的任命是确认或更改直属团队每个成员的唯一机会。大多数CEO都后悔没有足够的时间做好这些决定。有两个问题你必须思考。第一个：谁会加入团队，并热情地支持你的目标和愿景？第二个：谁拥有迎接未来挑战的能力或行动潜力？

问“你愿意加入吗”这个问题时，要激励人们，也要讲清楚在一个重大项目开始或转型时，需要做好面对一切风险的准备。每当我向面试者问这样的问题时，我想要的答案是**从他们身上看到冒险精神**。

冒险家想要的旅程：在成功时会获得极大的荣誉和尊敬，但工资低，且要面对严酷的环境，甚至可能无法安全返回。

在考察直属团队时，你需要权衡他们当前的职责与学习承担其他工作的能力。无论是从社会中雇用，还是从现有的团队中提拔，快速组建起一个优质团队是实现成功的重要因素之一。

你接手的团队是由拥有不同工作经验、责任心和历史的个人组成的。你在进行个人面试时，需要检测面试者是否有足够的能力、积极的态度，以及是否拥有作为个体或融入团队时完成任务所需的潜力。还要了解已经在团队中的每个成员的情况。

选择团队是一项复杂的任务，不管你是为当下选择团队，还是为掌控未来的变化选择团队。未来的变化是由市场、目标、业务需求决定的，未来变化中的不同阶段需要每个人的不同能力。所以，你需要的人员类型可能会发生变化，你的团队必须做好适应新环境的万全准备。

詹姆斯·柯林斯说过："优秀是卓越的敌人。"优秀是不够的。卓越的公司需要在愿景、执行和团队成员方面有很强的一致性，可以一呼百应。

让公司更加卓越的一个秘诀是拥有一个强大的领导者，他的核心属性包括**远见**、**决心**和**谦逊**。另一个重要秘诀是拥有优秀的核心团队。可以这样说，需要强大的领导力来控制优秀核心团队，进而控制公司所有团队的前进方向。

确定团队的职责

在选择团队的时候，你还需要决定谁属于团队的核心，谁属于团队的外围。你可以把团队划分为三层。

第一层是一个由三四个人组成的小组，他们将帮助你快速做出决策，快速推动决策的执行，快速测试想法。在我的经历中，这个团队由首席财务官、人力资源总监和战略总监组成。

第二层包括你的其他直接下属。他们经营公司、促进公司发展。然而，实现愿景和变革，不能仅仅依靠直接下属组成的团队，所以你需要第三层。

第三层由向执行领导团队汇报问题的人组成。你需要创建一个更灵活的组织，与这些人建立直接的、双向的联系。一方面，你能直接向他们传递信息并得到他们的承诺。另一方面，你也可以从他们那里得到更多的反馈、想法和挑战，他们能告诉你这个领域正在发生的真相。

虽然培养一支规模更大、参与度更高的团队是很费时的，但花时间与他们保持联系和互动是值得的。

发展团队

团队是一个不断变化的动态实体，受内部因素和外部因素的双重影响。不仅团队整体会随着时间的推移而变化，团队中的每一位成员也会有不同程度的发展。所以，你必须看看每个成员是如何发展的，往什么方向发展，并推动这种发展。

我曾和我的团队就职业的发展、知识和技能进行了几次讨论。在一次讨论中，我们的首席信息官分享了他未来想要经营公司的愿望。所以，除了他现有的职责外，我们还为他分配了一个小部门，让他在那里扩展自己的知识，体验经营一个有盈亏责任的业务部门是什么感觉。

一年半后，他想经营一个更大的业务部门。我们充分利用了他的技术专长和项目执行能力，并花时间帮助他提高客户参与度和财务知识。他不仅是为自己而发展，更是为了让团队更加强大而发展。

发展合适的继任者

准备合理的交接计划可以让岗位轮换更加灵活。这意味着你需要提前考虑谁可以马上或在短时间内胜任一个新的角色，也意味着你需要在活动、会议和项目中接触尽可能多的人。通过一个人在工作中的实际表现，以及一些来自专业公司的外部补充建议，是评估一个人的最好方法。

当CEO离开时，这些接手的新人通过了考验。如果一个岗位不断有人可以接替，这才是一个公司拥有良好的内部人才储备的迹象。

我的继任者和我一起工作了好几年。我不仅让他负责一个地区的整体发展，还让他身兼数职，分管其他不同地区的多个项目。他对客户、业务和团队的深入了解使他快速进入了角色。这意味着，我和他可以顺利交接，也意味着他可以继续带领公司保持前进的势头，避免换一个领导就导致公司的业务止步不前。

培养多元化团队

CEO有责任为团队培养多元化的人才，任何形式的多元化都必须认真对待。你必须开拓人才的来源渠道，吸引不同的人才进入你的组织，以确保组织和未来业务的长远发展。

团队的多元化不仅包括性别、种族，还包括领导团队的思想。有时你很难接受团队中有人提出新的观点，或者质疑你的决定。但这是成为一个优秀团队的必经之路。在你身边必须有人能告诉你真相，挑战你的想法，向你提出新的建议。

我们可以通过制订促进团队多元化的具体计划，来帮助别人反思并开展公开的讨论。例如，我们开展了一个名为“30%俱乐部”的项目。我觉得这个话题很重要，所以写了一篇关于它的博客，内容如下。

你接受多元化吗？

接受多元化正成为公司和组织的关键战略机遇。拥有一个多元化的团队会给你提供一个更广阔的视角来看待问题，或是考虑业务备选方案。多样性的形式有很多，其中最相关的一种是性别的多样性。

我有幸主办了一次与30%俱乐部共同指导赞助商的活动。在30%俱乐部中，至少有30%的女性在进入富时100指数的公司担任高管和董事职位。在2016年，这个数字是26.1%，高于2010年俱乐部成立时的12.5%。

我们还参加了30%俱乐部的跨公司辅导计划。该计划旨在提高董事会中女性的地位，促进性别平等。学员都是不同级别的高潜力女性。我很自豪，我们有8名优秀员工接受了其他公司高管的指导。

多元化会让团队有更好、更强劲的表现，让我们有机会成为更好的公司。

与上述活动所提及的一样，性别的多样性非常关键，从招聘过程到晋升方式，从提供工作的方式到任命组织高级职位的方式，都需要关注。用一些积极的计划来促进性别的多样性，哪怕不是所有人都赞同这些积极的计划。

支持多元化政策的一个关键要素是制定一个KPI。比如，我们跟踪了应聘人员和最终入职人员的多样性，追踪了晋升到组织上一层的人员的多样性，以及不同多样性群体中从事类似工作的薪酬。

你可以提名一位拥护多元化的人，来为这个关键话题吸引大众的目光。当然，CEO也必须是多样性的最有力的拥护者。

招贤纳士

参与官还应是实施人才计划的主要支持者。他必须激励团队成员，为新人才的成长、转型和作贡献创造空间。人才被吸引过来之后，需要公司的培养，如果不合适要适当舍弃。要在新一代或不同背景的人中培养新人才，然后通过这些新人才更新自己的思维方式。

有经验、有才华的人与新加入者将会组成一个强大的团队。新一代年轻人喜欢挑战现状，而你需要做的就是保持一个开放的心态去倾听，并准备好行动和改变。

举个例子，我很喜欢英国电信安全团队的实习生，他们是新的“王牌”团队，可以让我们更好地面对网络安全领域可能出现的日益严峻的挑战。

与实习生接触也是接触多元化人才的机会。我曾经遇到过一个叫威尔的毕业生。他天生失聪，但这并没有阻止他在整个轮换期间努力工作和学习。他很擅长唇语，他和我面对面交流时，甚至能识别我的口音。当我和他通电话时，他身边的同事会帮忙把我说的话写下来给他看，这样他就能知道我说了什么。

科技的力量可以让挑战者更容易融入社会，让他们能够充分展示自己的优势，甚至改变人们的生活、创造更美好的世界。

培养人才

培养人才不仅仅是人力资源的责任，CEO应该成为人才计划的主要实施者。

我们决定培养一些有雄心壮志，而且有潜力成为下一届商界领袖的人。我们想建立一个跨越国界的团队，于是召集了来自不同地区不同团队的10个优秀成员，组成了一个新的团队。

这个团队负责解决关键的业务问题，或提出解决问题的想法和建议。我们称之为未来领袖计划。

这个团队像个智囊团，团队中的每一个成员都因有机会贡献自己的智慧而感到兴奋。在这个智囊团里，他们有机会接触更多不同的人才，并帮助自己不断进步。

制定团队工作流程

队员越资深，领导起来就越困难。他们有着丰富的经验、不同的个人目标和能力。你必须了解他们每个人的过去，他们的个人核心技术，以及他们的目标。为什么参与这个项目？向他们收集这个问题的答案，将有助于你制定出最佳的工作流程，使团队更强大。

官僚主义和繁重的程序会导致队员产生挫败感，我们需要共同努力消除它。团队成员想做正确的事情，想获得成功，想成为一个成功团队的一部分。所以，CEO应该相信团队成员已经准备好尽最大努力改变现状。

一旦你了解了你的团队，就要制定团队的运行流程。当你领导一个全球性的组织时，你必须做出一个关键的决定：我是把这个全球性的组织当作一个大的团队整体来管理，还是当作互相依赖的独立小组来管理。

在一个跨国公司中，你要与团队共同努力来定义战略，确定前进的方向。队员应该带着战略的框架来反馈意见，并达成一个一致的立场。

我认识一家行业分析公司的高级副总裁。他向我描述了他的公司正在经历的转变。他们以前的业务性质是在一定程度上独立工作。然而，行业趋势和客户需求开始要求一种更具凝聚力的工作方式，即他们的分析师需要作为一个团队来利用他们知识的价值。他们必须改变自己的工作方式，同时还不失去那些资深人士的价值和他们的专长。

他把这样的团队比作一支摇滚乐队。每个人不必再负担单人演奏的费用，而是像摇滚乐队一样一起演奏，成为一个紧密联系的团体。乐队的每个成员都是不同乐器的专家，但他们必须互相配合才能带来出色的表现。唯有这样，他们共同表演的作品，才能比他们各自表演的效果要好。

在这种情况下，你必须了解团队的每一个成员，创造良好的工作氛围，为每个人设定明确的责任，为团队树立雄心壮志。一个大的团队整体就像一个庞大的系统，通过各个子系统开展工作。如果你的目标是单独优化单个子系统，那么团队无法成功合作。

一个团队结构的设计会对工作效率产生影响。大多数公司使用矩阵模型作为组织结构的框架。矩阵模型意味着公司的任何职能部门都有两条报告线。

我们曾经有一位地区财务总监，他既要向地区总裁汇报工作，又要向集团的首席财务官汇报工作。当他需要获得出差批准时，需要两个批准人签字，增加了不必要的程序，降低了做出决定的灵活性。

在这种情况下，你既要明确责任，也要充分给予信任。最终，我们改变了管理方式，允许地区领导做出最终决定并签字。

有些人一直在一个矩阵式的组织中挣扎。你需要保持整个公司的一致性，制订由中央职能部门确定的战略、政策和计划，再由地方单位负责调整和执行这些战略、政策和计划。

指导团队

CEO必须是组织的超级教练，帮助团队成员找到激励自己的动力，确定共同的目标，并在必要时进行严肃的谈话。

不同的人对成功的观点不同。对于以销售为主的团队来说，成功就是与客户签订协议。对于以技术为主的团队来说，成功就是完成一个技术项目。因此，在指导谈话中使用提问，有助于找到能让每个人发挥最大潜能的内在目标和抱负。

我们曾讨论过为什么产品服务没有我们想要的那么好，负有这一责任的不同单位的负责人进行了激烈地辩论，每个人都急于推卸责任。

于是，我们召开了一次会议，确定了问题的根源。最主要的问题是，在向客户提出报价方案时，是否让每一个环节中的人都参与了讨论和制定。我们没有推动大家一起工作，销售人员很容易被指责服务不好，服务人员也很容易说销售团队定制的是不可能交付的项目。

推卸责任是没用的，我们需要指导一个团队以不同的方式工作，这样也会产生不同的效果。

指导谈话可以在任何时候进行，也可以讨论任何话题。通过这样的指导谈话，可以激励团队，为团队提出新挑战，让团队去做一些被认为不可能的事情。找到答案的技巧之一是**不断地问“为什么”**，直到找到根本原因。

很多年前，我们想把公司的Logo挂在办公楼上一个非常显眼的地方。这是一个让我们的品牌更显眼的好方法。我们把任务布置下去，却很久没有看到进展，当我询问为什么Logo还没挂上去时，我被告知是因为办公楼的主人不允许。为什么？因为我们不是大楼里唯一的公司，其他公司可能也想把他们的Logo挂在那里。

于是我们提出了一个新的方案，即选了一个与之前的位置相比不那么显眼的新位置。但这依旧被办公楼的主人拒绝了。为什么拒绝？我继续给办公楼的主人打电话。他为了阻止我继续追问，便让我们为新方案支付一大笔费用。

最后，我们接受了支付更多的费用，并把Logo放在相对不太显眼的位置，为其他公司留有余地。几周后，我们的标志出现在市里最高、最显眼的屋顶之上。我们只是在问“为什么”。

准备好进行严肃的谈话

对下属进行严肃的谈话是CEO的职责之一。无论是关于糟糕的经营业绩、个人问题，还是关于离开公司的讨论，做到**清晰明了**、**诚实公开**和**果断**是非常重要的。

清晰明了：这些谈话应该以事实为基础。就算讨论激烈，也不应带有情绪化。无论你的感觉如何，你都必须保持客观，这样才能清晰、完整地表达自己的意图。

诚实公开：我们都是成年人，不应躲在其他决策者的后面，甚至撒谎，这样就是在浪费时间。找一个合适的环境，有条不紊地和当事人阐述事实，而不是匆忙地进行一次非正式的谈话，导致自己没有时间认真倾听。

果断：决定执行得越早越好，拖延时间只会使情况变糟。制定一个时间框架，然后依此执行，以便得到你期望的结果。如果这样做还是不能改善一个情况，那就制订一个审查计划。如果你要求某人离开公司，就大胆地告诉他离开的时间和原因。

团队授权

CEO应该利用整个组织的力量，这意味着你需要释放每个人的个体能量。这是一种授权，可以让团队成员发挥最大的潜能，可以培养他们的想象力、创新力，还可以提高他们的效率。

但是，CEO必须清楚授权的目标和过程，以及对授权做好管理，以确保授权不会产生未知的风险。

人们常常对授权的范围和定义产生误解，所以你必须澄清权力的自由程度和适用范围。授权不是得到你想要的所有权力，而是**得到在规定的模型范围内可以灵活操作的权力**。

我在与某个团队讨论权力下放时，讲了下面的内容。

在古典管弦乐队中，角色和乐器是分配给你的任务，如果你是小提琴家，你应该知道小提琴家的位置在哪里。想象一下，乐队正在演奏比才的《卡门》这首曲子，授权并不意味着小提琴家可以在此时演奏威尔第的《阿衣达》。大家的行动只有一个框架，在这个框架内，每个人都应该演奏相应的曲子，完成同一个目标。

小提琴家的角色是在《卡门》演奏小提琴部分。这就是行动的框架。在这个行动框架内，小提琴家有权决定如何把握演奏中的情感表达，把他的全部精力投入每一个音符中，尽可能地发挥出最高的水平。

明确权力与责任

授权的另一种形式是明确每个员工的权力与责任。你必须接受他们会做出令你意想不到的事情，他们可能会因为学习曲线[①]而效率低，他们也可能会犯错。

低效和失误是在创建一个更有权力的组织时，不可避免

① 学习曲线是指在一定时间内获得的技能（知识）的速率。——译者注

的。如果我的老板总是告诉我该做什么、怎么做、什么时候做，我将永远学不到任何东西。

鼓励别人的一个简单方法就是问问题。“如果是你，你怎么做？”当人们带着问题来找你，最好的办法是让他们思考并提出不同的解决方案，然后让他们从中选出最佳方案。这样可以迫使他们考虑不同的情况，并评估哪一个方案更合适。然后你们可以一起讨论并提出你的观点。

如果你马上给出自己的答案，则是在鼓励他们的错误行为，他们会一直来找你做决定。

制定正确的流程来帮助人们做决策，也可以促进授权。正确的流程可以明确责任，鼓励团队在能够产生影响的地方积极主动，还能帮助团队保持专注，避免浪费时间和精力。

在一次会议上，我们在讨论下一年的预算时涉及了授权问题。其中一个关键领域是维持或增长业务的投资，以及资本支出应该如何分配。

财务总监非常清楚地说道：“我们的资本预算是有限的，每个项目之间都要竞争，团队必须展示自己的项目能够带来什么回报，这样才能获得批准。作为投资委员会，我们有责任确定我们投资的重点。”

有人说，这样就让人们脱离他们所期望的更多的权力和更多的决策能力。

财务总监接着说："团队完全有权决定自己的哪个项目可以获得投资，并在这里展示该项目，接受我们的评估。他们有权制定自己的商业方案，并让所需的部门参与进来。他们还有权把方案提交给委员会，并决定如何为该方案辩护。授权的目的是让他们提出一个伟大的案例，准备好案例，显示回报，并制定一个坚实的营销建议。一旦他们获得批准，给他们的授权就带来了执行和交付案例的责任。那些想要更多权力的人只需要更加积极主动，建立更好的投资案例，并准备好承担决策和执行的风险。"

应用结果管理

CEO要用两种明显相互矛盾的力量支撑授权：**应用结果管理**，同时**将失败作为一种学习**。

结果管理就是识别成功和失败，并了解二者形成的根本原因。对成功案例的积极认识，将加强在其他情况下采取同样态度和方法。公开失败的案例，可以让团队的其他成员准备好承担类似的风险。

当失败发生时，必须有后续行动对失败负责。人们也应该明白，公司和团队不会容忍某些情况一直发生。如果根本原因是缺乏关注、行为错误或故意不遵循正确的制度，那么CEO应该行动起来，对这样的失败进行一定的惩罚。

失败和犯错是不可避免的，但**不要为了避免失败而替团队做决定**。试图控制他们，替他们做所有决定是愚蠢的。作为CEO，你的角色是支持他们，如果他们寻求帮助，你只需要提供建议，让他们自由地成长。

思考

在这一章中，我们讨论了如何利用团队的力量。从选择团队成员到发展和指导团队。是时候思考一下了。

· 你如何选择你的团队？

· 你为每项任务都安排了合适的人选吗？

· 是什么激励着每个团队成员的工作？你如何将他们的个人抱负与实际贡献结合起来？

· 你的团队具备多样性吗？你具备吸收新人才的活力吗？

· 你如何接受多样性？你是否有能力从失败中学习？你提供团队一直想要的权力了吗？

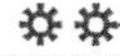

第 6 章

培养客户对公司的依赖心理

我喜欢和顾客一起工作。所有工作都应以客户为中心。

与客户合作，你需要使用三个维度中的所有核心能力。这些能力有时叠加，有时独立。同时，你需要确保团队中的每个人都了解他们对客户的影响。

参与官必须以身作则，培养团队以客户为中心的态度，时刻准备向客户学习，并被客户激励。

让客户意识深入人心

销售和服务团队会定期与客户互动。但对于公司的其他部门来说，很难与客户开展互动，所以他们总是不能很好地理解，为什么客户是最重要的。

在团队内部，尤其是大型团队，存在着一种风险：大家认为公司是自我维持的，而忘了一切都应该考虑客户的观点。

如果一个团队既能忠于职守且了解自己的角色，又能为客户提供满意的服务，则会获得更多成功。

每天早上，我都会去一家我最喜欢的咖啡店。它离我在伦敦圣保罗的办公室很近。我能成为这里的忠实顾客，不仅因为他们有一款很棒的瘦身卡布奇诺，还因为他们的服务团队总是微笑着，并且会说些吉利话，比如祝您度过美好的一天，甚至他们还记得我的名字。

有一天，店主丹尼尔告诉我，他们的目的是让顾客在店里能有一段美好的经历，希望每一位顾客离开咖啡店时都比到店时更快乐。这是一个基本的商业原则，但十分有效。

在整个组织中建立对客户的敏感是很重要的，你可以让它在不同的时刻显现出来。让客户意识深入人心是关键。让公司所做的每件事都保持对客户的关注，甚至每天都明确这样的信息，让其深入人心。

客户用钱来交换我们的产品和服务。当我们花掉这些钱时，我们必须记住客户为我们所做的一切买单。我们应该相信，客户一直关注着我们，让他们对我们产品和服务有深入的了解，他们会更乐意购买我们的服务。

为了让客户持续着迷，你必须不断地提醒团队什么是为客户服务，最好的方法是分享为客户做的事。

为此，我们创建一个名为“每日交易”的每日公告。其实就是一个易于阅读的简短的信息，里面包含了卖给客户的东西，以及为什么能赢单。每一条信息都能教育和激励人们了解我们所做的事情，并认可我们在不同行业和地区取得的成功。

面对面的交流可以传递出更强烈的信息，所以我们要吸引客户参与我们的内部活动，包括面对面交流和通过预先录制视频。如果客户愿意参与其中，那么我们需要感谢客户所做的一切，并告知他们我们会怎样做到更好。

在一次活动中，我们邀请了英国银行Nationwide、DHL物流公司和英美烟草公司的三位客户，向我们的高级管理团队分享他们对我们公司的看法。

我们了解了他们的业务和面临的挑战：一个金融服务机构重塑自我，制造技术差异化的产品；一个物流公司转型，迎接数字化世界的挑战；一个烟草公司通过电子香烟创造新的业务。

我们询问他们如何使用我们的服务来支持他们的运营，以便我们了解网络连接技术对公司的重要性。

对于那些不太熟悉我们业务的人来说，这是一个令人大开眼界的时刻。虽然你可以经常阅读、调查或研究案例，但让客户当面分享观点，更能激励我们成为更好的团队。

以身作则

CEO要花高质量的时间来与客户相处，但不能为了吸引客户而无条件地同意客户的一切要求。

作为团队的领导者，你需要通过在客户身上奉献的时间和质量来证明客户的重要性。

例如，无论我去哪，总会确保我与客户相处的时间占最大比例。无论是单独的会议，还是小组会议，会见客户一直是日程中最重要的部分。

访问客户的经营场所可以让你了解他们经营的环境、核心业务，以及如何将自己公司的技术融入他们的经营中。

如果你计划好拜访区域性客户，只需给该区域的同事打电话，告诉他们你准备访问该地区，以及会见当地团队和客户的计划。最重要的是，询问团队是否希望你向客户传达任何信息，以帮助他们的全球战略更好地实行。

对于该地区的客户来说，与全球供应商见面是件好事，因为这样给了他们对真正伙伴关系的信心。

全神贯注

当你会见客户时，一定要全神贯注地和他们讨论问题、解决问题，不能三心二意。

我将客户经理称为我们的老板。这听起来可能不寻常，但这为团队赋予了力量，展示了你对客户的重视程度，可以让销售和服务团队在对接客户时，将你作为关键资源。

一天，我接到德国团队的电话。他们正在与一家领先的全球化学公司进行最后的谈判。谈判已经进入了最后的阶段，离结束还有几个关键点，团队一致认为，需要我去参加谈判的闭幕会。这样可以向客户表明他们对我们很重要，也可以避免任何一方的进一步拖延。

我们一大早就开始开会，然后又回去讨论了几个条款。到了下午，一切都差不多准备好了，离我返回的航班起飞只有几个小时的时间了。但两个小组都决定重新审查文件，于是我说在敲定最终的文件之前，我都不会离开，以避免更多的误解。

有时候，CEO的在场不仅可以显示客户的重要性，还可以帮助团队，以及在谈判中支持团队的立场。

当CEO处于一个公司对公司的环境中时，其个人参与程度是非常明显的。直接接触CEO对客户来说是一种安慰。你可以把个人手机号码写在名片上。我就是这样做的，在担任CEO的岁月里，我没有接到一个没有价值的电话。这样可以让客户知道，如果他们有需要可以随时联系我。

有很多方法可以为团队树立让客户满意的榜样。

有一次，我们参加了在布鲁塞尔的活动。下午，我们在与英国大使馆联合举办的活动上会见了客户，分享了在2012年奥运会中发展商业的经验。分享会上有很多人，这对我们来说是一个与他们共度美好时光的好机会。

活动结束时，主办方正在安排返回酒店的交通工具，一位工作人员问："路易斯，你什么时候离开？"我回答："等最后一个客户离开之后。"

让我解释一下为什么这么说。长途旅行后我很累，但时间是仅次于健康的第二宝贵的财富。如果日程安排很忙的客户愿意和我们在一起，我们应该认识到，客户在，我们就应该在。

如果提前走，这样做无异于你在家里组织一场丰盛的晚餐聚会，当开始吃甜点时，你却告诉客人：“好了，我要睡觉了，你们自己好好享受吧。”

学会拒绝客户

对客户开放、亲自参与讨论、喜欢与他们合作并不是一切。客户希望有一个最亲密的关系来交换他们的信心。在客户关系中，不公开分享你的想法是十分危险的，这会让你成为这段关系的奴隶。

有人曾经告诉我：“如果我们的顾客去月球，那我们就去月球。”这是团队认为的以客户为中心。

以客户为中心并不意味着你应该按照客户的要求去做每一件事情。提供一个诚实的观点，不仅能促进与客户的辩论，也是“伙伴关系”一词的真正含义。

有时我们在取悦客户时过于努力，认为这是他们想要的。但大多数客户在要求特定的服务或解决方案时，都希望有一些挑战。他们认为你的公司和团队是专家，他们需要你的建议，而不仅仅是接受他们的要求。

我曾经也面临过一个具有挑战性的局面。一家欧洲的大型公司发出了一份请求，想请我们对他们的基础设施进行整改。我们认真分析了他们想要做的事情，认为这是一个很难实现的方案，并且此方案不能解决他们的问题。

我们努力向客户解释这不是正确选择，但他们没有让步。于是我们写了一封信拒绝参与他们的项目。这是一个艰难的决定，但你应该坚持你的原则，在合理的价格范围内制定解决方案，并告知提供他们想要的东西是不可能的。

当然，这个团队感到很沮丧，因为他们一直在努力实现这个目标。我告诉他们，客户对我们的要求很高，要求我们尽最大努力满足他们的期望。

如同运动员只有在最好的情况下才有可能获胜，而在其他情况下都有可能失败。最难的一课就是学会如何面对失败。

有趣的是6个月后我们再次接到了这家公司的邀约。他们审查了我们的竞争对手的报价，然后意识到我们是对的。没有公司可以达到他们的要求，而那些接近要求的公司都给出了十分离谱的报价。

我和团队努力提出一个更新更合理的报价，赢得了他们基础设施改造计划中的一个重要项目。

与客户亲近、倾听他们的需求、超越期望的很重要，但诚实更加重要，哪怕可能会有失去业务的风险。

为全球性客户提供服务的技巧

当你在一家跨国公司工作时，通常会把客户称为全球客户。这意味着，无论它有多少子公司或地区分部，都要把它们看作是一个主体，为全球范围的客户提供服务。管理一个全球主体是任何一个跨国公司的一个关键实践，但它也是一个非常有挑战性的实践。

首先，你必须决定在哪里进行取舍，在哪里坚定自己的想法不动摇。一些费用可以因地区不同而不同，但其他费用则由大部分地区的情况来决定。

其次，你必须平衡中央和地区的关系。一个强有力的中央团队是必要的。然而，通过与地区团队建立联系，你可以影响全球战略，同时，也可以接触当地的一些业务。

最后，你还应该确保一直跟进团队与客户的发展。一个跨国公司可能会随着时间的推移而改变结构，CEO必须灵活地适应这些改变。

例如，一家客户决定将预算决策权下放给地区部门，因此希望与我们在该地区的团队联系。当时我们只有一个集中的团队，为了涵盖客户的新工作方式，我们对团队进行了重组。

倾听顾客是最好的销售工具

参与官倾听团队的技巧也适用于倾听客户，是提高销售业绩的绝佳工具。将倾听客户融入组织的基因中，你将发现更多的商业机会，也将更快、更准确地对客户的要求做出反应。

生活中的信息会提示我们未来的新前景。我们只需保持好奇心，不断地询问客户关于该信息的问题，就会对他们的业务和挑战更加了解。

在荷兰海牙的一次销售会议上，我与来自欧洲各地的销售主管进行了一次圆桌会议。

其中一位正在努力寻找交易的销售人员告诉大家：“你可以把一份报纸仅仅看作是一个新闻列表，也可以把它看作是一个新业务机会的清单。并购、重组或进入新市场的新闻，都可以触发与客户的互动。在社交媒体上关注客户公司的高管和关键人物，知道他们目前最关心的是什么，也可以让你有一个新的互动机会。”

倾听客户可以创造商机

能否创造商机取决于你的态度，你可以在团队中树立这种态度。

当你读到一篇关于客户的文章时，把链接发给销售团队。

如果你发现某位CEO的推文或帖子分享了新的雄心壮志，要想办法帮他实现。

打电话给客户，给他们发邮件，祝贺他们的成功或者提供帮助。

无论是一个重大的安全问题，还是一个新的收购，提高警觉和快速反应是赢得客户信任的最好方式，这表明你很在意他们的状态。

我在担任一家运营公司的CEO时，收购了一家专门从事云服务的公司。这件事发布后，我们得到了很好的认可，因为它充实了我们的能力。

就在新闻报道的当天，我收到了一封咨询公司的电子邮件："路易斯，祝贺你收购成功。如果需要我们的帮忙，请告诉我们。"

第二天我接到一个竞争对手的电话，他说："路易斯，祝贺你，我们看到了这个消息。如你所知，我们是来支持你的。我们对这一行业非常了解，这是一个提高效率和让业绩增长的好机会。如果有什么我们可以帮忙的，请告知我们。”

几天后，我收到了第三家公司的一封较长的电子邮件：“路易斯，我们看到了你的收购，这非常好。我们自告奋勇地对你们公司的服务和被收购公司的服务进行了比较。我们还调查了你们之间的客户，并列出了潜在的交叉销售机会。据此我们有一个协同计划的建议。如果这三个点对你有用的话，我们很乐意和你、和你的团队一起促成这次合作。”

想象一下，当自己是一个客户时，会如何看待这三家公司的祝贺内容，你甚至可以猜到我们最终选择了哪家公司进行合作。

我在第三封电子邮件中感受到了以下三种态度。

第一个，**对客户的业务感兴趣**。你的关心超越了新闻报道的内容，你探索了实际的机会，你很好奇，你开始尝试交谈，你利用你对市场的了解寻求机会。

第二个，**饥渴**。你表现出了渴望合作的热情，这一点体现在你是积极主动地做事，而不是等待别人的安排。你已经准备好冒险，甚至成为一个值得学习的客户。你做了客户意料之外的事情。

第三个，**行动力**。你制订了一个计划，提供了一个机会。

你已经蓄势待发。你还积攒了信任，甚至还可以主导整个合作的开展。

第三家公司所做的一切都与态度有关。意愿、兴趣、欲望、迫切和雄心壮志——这是与其他公司产生区别的地方。为顾客多跑一公里也许不会花费很多精力，但意义重大。

注意真正重要的细节

细节在生活中很重要。在客户体验方面，细节和其他的大事一样重要。你可以**用小信号生动地表现出对客户的关心**。

有一次，我去了法国克莱蒙费朗，查看了与米其林集团签订的合同。

客户向我讲述了我们工作中的一些细节如何实现了良好服务的执行。他强调了一些很小的行动，比如提前打电话给当地经理，告诉他们变更后的日期，然后打电话表示感谢，以及让他们随时了解有利于他们的新技术的发展。

当我们的团队发现新的省钱机会时，会立刻告诉客户并快速实施，这一点也让客户感到非常高兴。

当我听到小细节是如何影响大型转型项目的实施时，我很受鼓舞。

向客户学习

培养顾客品牌忠实度的下一步，就是向客户学习。利用你从客户那里学到的发展模式，让你的组织变得更好。

你应该明白自己成功和失败的原因，应该不断地问自己还有哪些地方可以做得更好；还应该衡量服务质量，学习如何使服务与众不同。

问问“怎样可以做得更好？”

与客户会面是一个很好的机会，无论是出于礼节性的拜访，还是有关服务或业务问题的讨论。把握好每一次这样的机会，**问不同客户同样的问题：“我们怎样可以做得更好？”**

有一种消极的问法可能会让客户陷入困境，比如：“我们有什么地方做得不好吗？”或者“你不喜欢我们哪一点”。客户更愿意在积极的领域提出建设性的意见，你要做的就是听取他们的意见。

想要从更广泛的客户群体中获取意见，就需要建立一个适当的系统模式。净推广分数（NPS）是一种衡量客户忠诚度的管理工具，是一种简单、有效的组织协调方式，可以对其他客户满意度指标进行补充。它要求客户按1—10的范围评价他们推荐该公司的可能性。9分和10分被认为是促进者，7分—8分是中立的，6分及以下是批评者。

我们首先整理要调查的客户列表，统计发送和回复的邮件数量，当然还要查看实际结果。我们每周都会与顶级销售和服务代表举行会议，一起查看我们了解到的情况。

通过净推广分数的评估，我们了解了总体结果和个别客户的特殊情况。在不到6个月的时间里，净推广分数成为我们衡量为客户做得有多好的重要方式。我们的总分在第一年提高了至少11分，在重复接受调查的客户中甚至有更好的进展。

让服务成为团队的核心

创造团队的服务文化需要的不仅仅是理解它对客户意味着什么，还要有超越日常工作内容的内在的责任感。这反映出团队关心自己的客户，关心活动为何会失败，以及失败对客户的影响。

无论是消费品公司、物流公司，还是银行，都会有努力做到最好，努力成为对社会影响很大的公司。学习这些公司是怎样提供服务的，可以对你的团队有很重要的启发。

学习成功的原因，总结失败的教训

学习如何提升服务应该成为整个组织的一项长期任务。你应该在与销售相关的活动中好好学习成功的原因，总结失败的教训。

有意思的是，大多数销售团队都会说，他们能够成功是因为与客户的关系好，失败是因为价格缺乏竞争力。这是一个平庸的销售人员才会给出的无聊答案，他并不知道成功和失败的真正原因。

对成功和失败分析得越细致，就会得到更好的见解，由此提供更好的报价，更好地利用自己的资源，赢得更多的价值。

为成功做好准备

签署一份利润合适的合同，并且很好地理解了合同中的承诺和风险，意味着你已经为成功做好了准备。**利润、服务和风险是良好商业行为的基础**。

我总是问我们的销售人员同样的问题：我们对中标价有什么看法吗？我们是否了解客户的期望是什么，或者他们愿意花多少钱？我们是否了解客户的实际成本和希望节省的成本？**计**

算利润率是销售人员谈判和权衡回报的专业技能之一。

如果你能理解客户的需求是什么，你就可以把它作为议价的基础。需求是决定成本的关键因素。若在提案中加入一些并非客户真正想要的元素，就会增加自己的成本。

总之，赢得交易的关键因素是提高交易的实际意愿。这意味着要充分理解客户的需求，在提高方案的质量和交付能力上倾注时间和精力，并确保使用恰当的资源来赚钱。我签署的最好交易都是在初期就把控好利润、服务和风险这三个要素。

知道自己失败的原因

虽然我们经常面对失败，但我们可以从失败中学到更多经验。

失败的借口很容易找到："我们没有做好充分的准备。""我们对顾客不够了解。"然而，这些不是你失败的核心原因。

使用"五问法"，对一个问题连续问自己五个为什么，直到你明白这件事情失败的真正原因。

常见的根本原因有三类。

· 你没有充分了解顾客的需求。那么，你打算如何提高相关知识储备以备将来的机会？

· 你的产品或解决方案不符合客户所需的功能或用途。客户所需的内容是产品规划图的一部分吗？如果不是，原因是什么？

· 你的报价太高了。你们的设计是否过于复杂？为什么你们的成本不够有竞争力？

几年前，我们正在准备对欧洲轮胎制造商征求建议书的答复。我们与客户的关系并不是最重要的，满足他们的需求才是我们的核心能力。所以，我们要根据客户的需求制定对应的方案。但经过与客户的谈判，我们失败了。

我们开启了新一轮的内部讨论来寻找原因，以便进一步了解客户的优先需求，找到方案中过于复杂的元素，以及一些价格问题。

客户继续与选定的其他供应商进行后续的谈判，但我们依旧告诉他们，我们的新方案改进了报价，他们可能会需要我们。几周后，他们对自身的变革进展很不满意，并再次联系了我们。这次我们准备得更好，一个月后我们和他们签了合同。

去了解失败的原因，一直言不放弃，你可以更接近成功。

激励客户，也准备好被客户激励

在一个以客户为中心的组织中，最高层次的参与度是激励客户和被客户激励。为了达到这个水平，你应该具备三个基本要素：优质的服务，合适的价格，牢固的客户关系。

要与客户建立牢固的关系，你必须创造令客户难忘的美好合作经历，了解客户业务中的创新计划，并推动解决方案相应地创新。

在公司对公司的环境中，信任是商业关系的必要元素。你可以通过创造特殊的时刻来实现与客户的良好互动，在这些时刻，你可以超越运营环节进行沟通。

最让我备受鼓舞的经历之一是在2012年伦敦奥运会的时候发生的。

有205个国家和地区参赛，超过40亿人观看了此次的伦敦奥运会。来自全球几乎所有国家的数千面旗帜飘扬在伦敦的街道上。漫步于此，你可以感受到奥林匹克精神。

对我们来说，这是向客户展示我们能力的最佳时机。我们公司为这场盛会提供了技术，以及从高清电视到智能手机等有史以来种类最多的设备，提供了有史以来最多的连接摄像头。

我们希望在这样一个令人振奋的运动会中，能被更多的公众高度关注。激励一代人是我们的目标之一。

我们组织了一些活动，向来自世界各地的几十位客户展示我们的能力。

我们首先解释了我们对整个奥运场馆基础设施的贡献：94个地点的80,000个连接，1,800个无线接入点和16,500条电话线。我们为14,000名运动员提供高速宽带连接和Wi-Fi。此外，还提供了60gb/s传输速率的网络，可以传输由新闻工作者共享和发布的大量信息，这些信息也可以传输给所有参与者和观众。

我们还和一名来自英国的残奥会篮球比赛银牌运动员哈德·莱皮坦进行了交谈。

哈德说，他从小就梦想成为一名奥运会运动员，但由于得了小儿麻痹症，他的梦想似乎是不可能实现的。然而，在克服了许多困难之后，他证明了为不可能而奋斗是值得的。

我们曾经有多少次因为面前的障碍而无法实现自己的梦想。但哈德·莱皮坦的故事让我知道：只要专注于你想要实现的目标，就一定能克服任何障碍。

了解客户的创新挑战

客户也面临着颠覆性技术和新商业模式带来的挑战，乐于与我们分享他们的行业是如何发展的，以及他们的动力源自何处。认识到这些挑战对拓展业务和支持客户至关重要。永远保持好奇心，抓住每个机会。

例如，开展了解客户的沟通交流，甚至去参观客户的工厂、商店或分支机构。当他们分享如何面对风险和机遇时，也是在为你提供面对困难的新视角。

雅拉是全球领先的化肥制造商，为农业和环境提供解决方案。他们的首席信息官参加了我们举办的一个客户活动，分享了他们拥抱数字技术的雄心壮志。

农业往往被视为一个传统行业，与数字创新的相关性不如其他行业。但雅拉一直在研发和创新方面进行投入，通过对精准农业工具和服务的开发，将以作物为基础的农学和应用知识转化为数字形式。

了解雅拉进军数字服务的决心有助于我们提供新的服务，更好地为其新的解决方案提供基础设施。

这只是我们每天了解到的许多客户中的一个例子。很多大公司都在认真思考数字革命对他们的意义，这些都是我们的机遇。

创新也是一个广泛的话题。有新技术的创新，有以不同方式应用旧技术的创新，也有商业模式的创新，你还可以找到这三者结合的案例。例如，由于软件和硬件解决方案的发展，使用先进的人工智能技术已经成为可能。

你还可以使用更便宜、更广泛的平台，以便管理大数据。通过分析大数据，你可以获知消费者的消费行为习惯，然后你可以根据这些客户的位置提供服务，并为零售商创造一个新的业务。创新可能性是无穷的。作为供应商，你面临的挑战是如何通过创新来激励客户。

几年前，我们研究创新会议的形式，甚至在市场上推出了新产品。当时，一家大型时装公司想提高他们的全球运营效率。他们的设计师团队成员遍布香港、纽约、阿姆斯特丹和巴黎，共同为下一季设计新衣服。他们面临的挑战之一就是让每一个设计师都可以坐在一起商量服务的细节。

考虑到设计师花在飞行上的时间和金钱都很昂贵，我们推出了一项名为“网真服务”的高清视频会议服务，能够提供卓越的图像和声音。每个地点的网真室都有相同的布局和装饰，能够给人一种在同一个房间里的感觉。设计师们可以共享布料、共享构思，甚至共享衣物上使用的纽扣，他们可以让模特们在不同的地方同时试穿衣服。

思考

我们已经讨论过首席参与官在解决客户困扰问题时的角色。现在是思考的时候了。

· 你在你的设计方案中是否反映了顾客的理念?

· 如何让顾客更容易被团队中的所有人关注，不论团队所处哪个部门?

· 你对客户业务变化的信息来源是什么? 你如何跟随这一变化来帮助他们?

· 你如何从生意的输赢中吸取教训?

· 回想一下与其他部门或客户进行联合创新的例子，你能从中学到什么?

第 7 章

激发高性能的工作效率

在教练官和参与官维度之间，CEO制定了框架，定义了愿景，知道自己想要实现什么。现在是时候进入推行官维度了。

首席推行官负责将期许和愿景转化为计划，并跟踪计划的实施。他应该推动团队高效发展。他应该保持专注，避免破坏效率的分心。他应该实施变革，成为团队变革的首要推动者。

明确清晰的预期

出色的执行需要制订精准的计划，这意味着要将愿景展开到细节层次。你需要明确自己的期望，以确保每个人都知道自己应该做什么。通过设定清晰明确的目标来推动绩效，并创造一种注重细节的公司文化。

解释你的工作方式

除了向团队描述应该做什么之外，分享你希望他们应该怎样行动也很重要。你的团队应该知道你对他们的期望和他们对你的期望。解释你的工作方式，可以使团队成员更容易与你一起工作，也可以使谈话和会议更高效。

当我开始担任CEO时，通信主管问我："你是如何工作的？"我感到很惊讶，于是问她："你是什么意思？"她的意思是询问我在接洽工作、解决问题、讨论问题或做出决定时的原则是什么。她说："如果你能清楚地表达你的行动原则，对于那些不认识你的人来说，就容易多了。"

于是，我把这些原则写了下来，帮助员工理解我的领导风格，为我节省时间和精力。

我不喜欢意外。金融分析师、客户和员工都很重视可预测性。可预测性有利于他们建立财务模型，并依此进行规划和执行。通过预见问题，你可以预防风险。不可预测的意外对团队处理问题的能力要求非常高。提前知道可能发生的事情，可以让团队做好准备。当有人发现一个问题时，应该提出问题，并清楚地表达问题，然后团队一起制订解决问题的计划，评估风险，并准备好接受改进解决方案的建议和帮助。总之，风险管理是团队的一项关键技能。

我们的顾客为我们所做的一切买单。所以，客户必须真正成为我们所有行动的中心。这应该反映在我们花费时间和金钱的方式上，例如活动、出差、资源、培训等。我们的业务是为他们建立的。他们承认我们的价值，并准备为此支付金钱。

作为一个团队，我们应该讨论解决方案，而不仅仅是提出问题。与其浪费时间在一个问题的细枝末节上，不如直接换一个角度去思考解决问题的方法。你需要转移焦点，不要盯着问题本身，而是注重怎样解决它。你可以通过提出正确的问题，将讨论引到一个新的话题上来改变现状。

我们不能只对团队提要求，还应问一问他们对我们有什么要求。CEO的角色是支持一个团队，而非只要求结果。只对团队提出要求会导致团队与你疏远。互相支持是我和团队合作的一部分。我告诉他们，如果他们觉得我的要求不合理，我们可以对此进行讨论。CEO要提供必要的资源来帮助团队执行计划。

我们要保持清正诚实的品质，公开分享，并尊重彼此的想法。成功的组织应建立在诚实、尊重他人的基础上。一次清晰且真诚的谈话可以让彼此坦诚，甚至主动坦白工作中的失误。当团队出现分歧时，进行相互讨论和辩论能够促进解决方案的多样性，进而获得更好的结果。

我们野心勃勃，总是想要更多。在竞争激烈的市场上，行业门槛每年都在提高，顾客希望你能不断改进，所以你必须更有野心。你必须创造积极的心态，怀抱着雄心壮志更好。通过认可改进的结果来平衡团队的心态，这将鼓励其他团队同样充满野心。

树立明确的目标

设定目标是提高绩效的基石，目标应与愿景和实施愿景的计划相一致，在目标和激励措施之间找到平衡非常重要。绩效目标是与关键业务指标挂钩的量化结果。最好的激励方式是制订与目标和指标相关的薪酬计划。

当谈到设定目标时，也存在着以下风险。

把每一个目标都变成团队目标。它可能会促进团队合作，因为人们会支持他人实现共同的目标。但团队目标会削弱个人责任感。联合交付应该与直接的个人责任相辅相成，两者间的良好平衡才能促使团队和个人进行正确的行动。

混淆目标和角色。这是另一个经常犯的错误。我在回顾一个项目经理的目标时进行过这样的讨论。这个项目经理最初的目标是，用一个明确的时间计划组织会议，管理会议的时间，提高会议的效率。

任何优秀的项目经理都应该合理安排会议，这是他们的岗位职责，而不是工作目标。所以我们将他的目标改为：在年底前，减少会议次数，减少20%的会议时间，提高会议效率。这意味着项目经理可以专注于一项特定的目标。这将鼓励变革和改进。这才是真正的个人目标。

设定一个无法实现的目标。在挫折和沮丧之间有一种平衡。尽管你要求的程度似乎不合理，但也应该是有意义且能实现的。

虽然明确的目标可以鼓励人们做得更好，但是如果你要求一个普通人举起300斤重的杠铃，那么可能会导致他放弃，而不是努力实现这一目标。

尽管我们很难判断挑战的难度，但应尽量确保目标可以实现。

各单位之间的目标不一致。当你降低一个部门的成本，增加另一个部门的资源时，总会面临一些压力。在我们的业务中，设备管理部门的目标是减少对办公空间的使用，而与此同时，一个业务部门正在壮大他们的团队并寻找更多的办公空间。达成一致的一个好方法是组织会议，让人们共享自己的信息，找到一种互相兼容的方法。虽然他们会产生矛盾，会引发一场激烈的讨论，但处理这样的风险纠纷是值得的。

建立一个稳固的、结构良好的非主要目标。以培训部门的目标为例，员工可以花足够的时间在课程培训上，但是他们可能不知道怎样合理安排课程。例如，让员工反复参加标准产品的培训课就是在浪费时间，他们更应该参加新的组合解决方案的培训课。所以，必须有人确保培训的重点与核心业务相一致。

总之，设定目标是推动业绩的一个重要工具。关键是什么能激励你的员工。我曾经把收入、利润和回款作为团队和个人的核心目标。

例如，投资组合总监的目标是在特定的客户细分市场中提高市场渗透、客户忠诚度和志愿参与。然后，在设置激励措施时，奖金按照个人目标和公司的总体业绩之间的比例进行分配。

在不同的公司，成就意味着不同的东西。在我们的一次活动中，我们邀请了谷歌云业务的负责人来演讲，讨论具有挑战性的目标和薪酬。他告诉我们，他们奖金的70%与个人目标有关，20%与他们对团队成功的贡献有关，最后的10%与一些创新思维或创新项目有关。一旦通过设定正确的目标来指导人们在哪些方面努力，就可以提高绩效。

关注细节

对细节的关注是领导者与众不同的地方。这是一种内在的能力，一个专注的首席推行官要了解业务细节的重要性。这意味着你对拥有的客户数量，客户使用的产品，公司利润的多少，费用花在哪里，以及在特定领域工作的人数有一个很好的了解。深入了解小细节，能帮助我们理解大数据和关键参数。

经营任何业务时，细节都很重要。

迪克森的CEO曾到英国各地参观他们的商店。她告诉我，她的目标是更好地了解与客户更密切的业务，所以，没有比参观大街上的商店更好的方式了。

她路过一个分店，发现地板上有一张纸，然后捡起来放进垃圾箱，并向我解释说："如果你不注意每一个细节，生意就会每况愈下。不要觉得自己在公司里地位很高，认为捡纸是一种不符合身份的做法。"我微笑着说："我也会做类似的事情，例如在访问数据中心时，帮忙整理电缆。"

我们曾经仔细研究电信成本的结构，把它分解成元素。其中一个元素是数据线。我们根据速度、地区、国家和客户，将线路进行分类，详细了解了我们的支出和重点。这对每个人来说都是一种开阔眼界的方式。我学到了很多关于我们生意的知识。关注细节将为你提供解决问题的新视角。

追踪绩效

一旦你有了明确的抱负，就是时候跟踪你的业务表现了。为了加强绩效踪，你必须确保开展鼓舞人心的业务评估，创建一个可以达成评估的方法，并使用悖论式思维解决问题。接下来我会仔细讨论这些方法。

开展鼓舞人心的业务评估

很多公司都有一个正式的流程，用来审查从最低级别到最高级别的业务绩效。

要思考的第一个问题是：你把评估的时间用在哪里？是用在工作回顾上，还是用在展望未来上？

进行工作回顾可以更好地了解生意，可以围绕未来的行动进行良好的沟通，还可以通过与团队的互动来发现人才。

我成为CEO进行的第一次业务评估，是通过参考三组数据来进行的，即目标、结果和预测。

在我知道的大多数公司中，都有一个年度计划流程，在这个流程中，你可以根据结果来定义你的目标。这可能是一个财务结果，也可能是一个运营指标，如售出的汽车数量或获得的移动客户数量。

然而，当你开始执行计划时，你可能会得到一个与预期不太相同的结果。结果会清楚地显示计划的质量、执行的能力、增加的风险，以及目标的难度水平。虽然结果主要由团队的能力来主导，但也会受到外部事件的影响。监管规则可能会对产品的价格产生意料之外的影响，会降低或增加团队实现目标的难度，以致产生不同的结果。

一旦你根据计划获得了第一组结果，就可以开始回顾过程。为什么我们会偏离？我们哪些假设对了或者错了？哪些外部条件改变了？我们在哪里做得好或者执行失误？我们遇到了什么意想不到的问题？

我们每季度都会公布业绩。到目前为止，它影响了许多内部活动，例如审查过去三个月和整个财年的业绩。业务审查的主要目的应是商定未来的行动。

当我开始评估时，主要是回顾团队发生了什么，关注前一个时期的亮点和不足、成就和问题。当然，我们也会讨论未来——预测、行动、风险和机遇。我作为执行评估员，为评估定下了基调。我一开始并没有意识到这个基调会渗透整个团队。

如果你在演讲时关注财务，大量回顾过去的业务，你和整个组织就会一起关注过去。团队将收集数据并制作关于过去发生了什么的PPT，而较少关注团队目前正在做什么，以及未来需要做什么才能成功。你花在每个主题上的时间已经定义了优先级，这个问题比你想象得更严重。

于是，我们决定把原定在季初的汇报改到季中，整个汇报着眼于未来的计划。汇报时间越接近季末，我们对接下来的工作就越会有更好的预测和更明确的执行方案。整场讨论聚焦在对未来计划的设想上，探讨我们接下来会需要什么帮助，以及如何交付每个具有重要影响力的客户项目。在这次改动之后，我们的整个业务都焕然一新。

让注重将来的计划成为会议的重点，而不是报告已经发生的事。这种方法适用于各个方面，比如人员评估，可以根据员工的发展计划对其绩效做更全面的评估；又比如投资，可以与将来工作方向和重点相统一。

如果CEO用大多数的时间回顾过去、分析过去，对公司未来的掌控力就会变弱。但如果CEO改变重点，转而开始计划和分析未来，只以过去经验作为指导，CEO就会主导未来。

你的成果是由你在何处耗费时间、精力和努力决定的，因此，我建议你重新规划会议的时间，**将25%的时间用于回顾过去，75%的时间用于展望未来**。

培养积极进取的工作态度

绩效考核可以带来积极进取的工作态度。大多数的讨论会围绕着团队带到会议上的内容，而一个简单的问句会使讨论更有效率："你需要什么？"

在一次业务审核时，我们的团队首先介绍了安全服务市场的发展情况，随着互联网连通性的提高和电子商务活动的增加，网络安全风险也与日俱增。这对我们来说是一个千载难逢的机会，引起了我们想要进一步发展项目的兴趣，所以我们问："如果你想要进一步发展这个项目，你还需要什么？"

团队准备得很充分，开始讨论如何增加现有客户的渗透率、寻找新前景、扩展产品组合和进入其他市场。他们每个人都阐述了自己遇到的机遇和挑战，以及接下来可能会需要的资源。他们为每个机遇都建立了案例，以便我们挑选。

CEO就是要发掘他们执行过程中的需求，一旦明确了需求内容，就提供支持。业务审核的最后，我们批准了一些投资，并招募了更多的销售人员来加速业务增长，最终的结果也达到了我们的预期。

你需要什么？这个问题会使员工拥有积极进取的工作态度，让他们专注于执行项目所需的东西。当然，你与他们之间必须明确规定谁来负责发掘需求，以及如何发掘。

运用悖论式思维解决冲突

在业务审核中，业务目标有时会互相冲突。当这种情况发生时，你需要指导团队运用悖论式思维。

悖论是一种看起来相互矛盾的情况，关键问题是如何使悖论发挥作用。惯用线性思维的人在面对悖论时，会采用模糊思维和开放式思维来处理问题，这种方法屡见不鲜。

掌握悖论式思维需要有强大的领导力。例如，在面对同时优化服务和降低成本的两难举措时，你的直接反应是，要提供更好的服务就需要更多的员工，而员工的增加将导致成本增加，所以根本无法完成接下来的目标。这种情况并非个例，我曾数次遇到这种两难的境况。

在一次管理会议上，我们讨论了如何让业务更上一层楼。服务总监直接提出要招聘更多的项目经理，通过处理更多的订单来增加业务产出，但是这样成本也会随之增加。我们没有足够的预算来支持人员招聘，因此，我们决定再考虑一下其他方案。

此时，有个员工提到失败成本的概念，有些项目可能会延期，为了能够按时交付，就需要更多员工，而且延期交付要付出相当大的代价。为了解决这个悖论，我们需要关注如何减少失误。设定更符合实际的交付时间和避免人为错误造成的双重检查。这样，在降低成本的同时，服务质量也会显著提高。

节省的部分成本可以再用于招募高技术人才，或者投资购买一些可以进一步优化服务的工具。所以，我们制订了一个从根本上解决失败成本的计划，并批准了对临时资源注入临时资金。之后的几个月内，储蓄和额外收入就平衡了短期计划所需的成本。

掌握信息管理

推行官必须通晓并管理公司信息。所有公司都拥有大量的数据，而做好分类的数据就是信息，对这些信息有一定的了解就可以把信息转化为知识，再通过个人经验的过滤，就可以把这些知识变为智慧。

大量的数据可能会很难处理，但也有解决的方法，你只需要定义必须遵循的关键绩效指标，然后确定查看信息的方法，就能做出更好的决策。

建立关键业务指标

确立业务指标将提高你的执行能力。你需要可以展现当前业务状况的指标，即滞后指标；也需要其他可以预测前景的指标，即先行指标。

滞后指标以产出为导向，是经济活动的结果。例如，你创造了多少收入。这种指标是商业行为的结果呈现，与你的愿景息息相关，也是你业务的目标。

先行指标以投入为导向，可以创造结果。例如，签订的合同数量。你要关注如何影响这种指标，因为这种指标对未来的发展至关重要。滞后指标与先行指标之间的关系并不简单，但可以肯定的是，两者都是必须密切关注的数据。

我们讨论过需要密切追踪哪些指标，以确保业务进展顺利。我们设定收入、税息折旧摊销前利润（EBITDA）和现金为滞后指标。这一步并不难。

然而，我们有无数个先行指标。确立KPI体系结构，是正确设定先行指标的关键环节，它就像飞机的控制面板，能让你操纵飞机。所以我们决定从四个方面明确先行指标，这样更清晰简单，这四个方面分别为增长、效率、服务和员工。

在增长方面，我们选择订单数量和价值作为收入的先行指标；在效率方面，我们选择与各种供应商接触的成本作为先行指标；在服务方面，我们选择各种意外事件的数量作为先行指标；在员工方面，我们整合了一年两次的员工敬业度调查和KPI等数据，作为先行指标。

一旦设置好了关键指标，接下来就要决定如何查看数据。每个人都要花时间建立适合自己的数据统计方法，选择合适的工具、图形或报表。公司中的所有人都必须使用这种方法来管理自己的业务，这种方法应该成为公司共同的工具和语言。

确定看数据的方式

一直用同样的方法有助于你发现规律和追踪绩效，即使是在完全不同的业务中也是如此。

有三种简单而有效的工具：**象限**、**列表**和**瀑布模型**。

象限是通过聚合数据来更好地了解业务。列表是通过管理详细的计划实现更集中的执行。瀑布模型是将业务动态可视化，有助于加快决策速度。

数据分类：象限

象限（2×2表）是我最喜欢的分类工具之一，它可以区分所有数据，突出事项的重要级别和优先级别。象限的基本形式是通过横轴和纵轴划分了四个区域，每一个区域叫作一个象限。可以通过一套标准条件，在象限中定位数据，将数据分类成组。

在大数据技术中，学习可以通过有监督学习和无监督学习来实现。有监督学习通过基本数学模型得出结论，比如回归模型。无监督学习则是使用聚类模型，将具有共同特征的元素组合在一起。这就是我使用象限的方式。

我们的目的是发现哪些客户需要优先服务，以便我们为他们分配最好的资源。首先，我们做了一个分析，发现我们管理客户群体的方式还有改进空间。于是，我们决定根据规模和潜力两个基本参数来管理客户。

我们把当前收入放在横轴上，把增长潜力放在纵轴上。在图表上，越往上，代表客户潜力越大；越往右，代表服务客户的业务收入越高。这样就能轻松地将客户归类到图表中的四个区域，将客户数据映射到象限，会出现四个类别的客户群体。

象限的左下方是有少量业务往来且潜力较低的客户。你需要用最有效率的渠道来管理这些客户，或者以不同的方式来为他们服务，甚至可以把这部分业务卖给能创造更高价值的人。

象限的左上方是业务往来规模较小的客户，但他们有潜力成为大客户。你需要对这种客户积极主动，带上你的“猎手”去寻找那些潜力巨大的客户。你需要为每个客户制订强有力的发展计划，这有助于了解客户的潜力所在，以及制定执行这些计划的方案。

象限的右下方是业务往来规模较大的客户，但他们未来成长的潜力较低。这一类通常包括范围明确、几乎没有盈利增长空间的长期合同。对于这类客户，你需要具有管理合同的专业知识和风险管理意识。当没有其他的选择来增加业务时，改进服务将有助于保持更好的盈利水平。

象限的右上方是有巨大潜力的大客户，是公司的核心所在。这些客户是你的首要目标，是业务增长的最佳机会。你可以为这种客户分配最好的资源，匹配高质量的员工和高水平的服务，以便将客户潜力转化为真正的业务。

我们对业务了如指掌，以至于在我们优先考虑的客户中，业务增长速度是原来的两倍。我们不再把时间和精力浪费在那些对我们的业务没有价值的客户身上。

下图就是我如何使用象限对客户进行分类的。

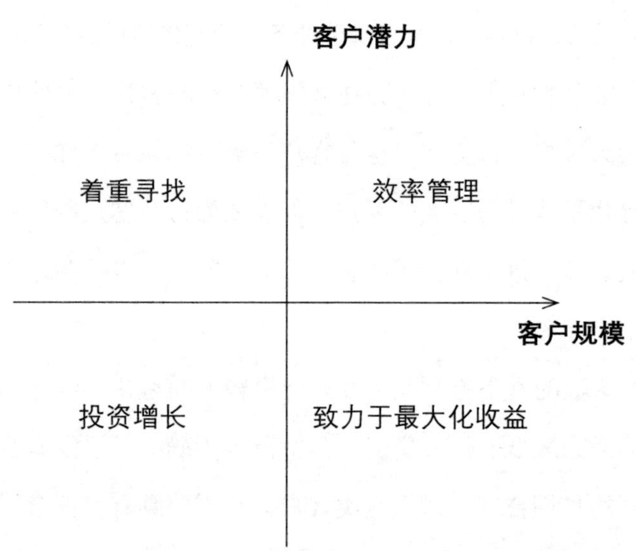

客户群体分类

通过列表简化管理

在某种程度上，大多数业务的复杂之处都可以用简单的参数来概括。我们都曾经用过列表，比如超市购物单、参加聚会的邀请名单。这是一种简单的管理方法。

我曾经和首席信息官一起讨论如何让团队更关注细节，有什么简单的信息管理方法来达成这一目的。最后我们一致认为，可以通过设定一套合理的列表来管理公司之间的业务往来。

首先，你要有一个客户列表，列表中每个客户都要有一个属性列表，内容包括他们有多少渠道或产品。你需要深入了解这些列表，以便充分了解每个客户。列表会告诉你每个渠道或服务的情况，以便你更有针对性地采取行动。

当你运营一个连接客户营业场所和工厂的项目时，无论是10个地点还是500个地点，你都要有一个列表。

一个优秀的项目经理只需通过处理列表，就能完成整理、确定优先级、识别风险和查看进度。在某种程度上，这也是一种测试，测试一个公司将复杂庞大的问题分解成小单元的能力。

使用瀑布模型来描述业务的动态

推行官维度的挑战是掌握运营业务的动态。我认为瀑布模型是剖析运营和财务关键绩效指标的利器。

在一个计划周期中，我们曾讨论如何实现下一财年的收入目标。我们想根据当前财年期间的收入找出重点所在，并考虑实现目标可能潜在的变数。

如果把收入分成几部分，决策会更容易，可实现的目标也会更明确，所以我们建立了一个瀑布模型。

首先，你需要把上一年的业务量分成若干部分。第一个部分是一次性交易，这种特殊交易仅存在于上一年，只发生过一次，不会以同样的形式重复。第二个部分是客户流失，也就是你失去的业务。第三个部分是由于合同承诺或是新谈判造成的降价。从现有的收入中扣除这三项，剩下的就是公司的基础收入。

然后，你需要开始寻找新一年的收入机会。第一种是你在新一年还会拥有的一次性交易。第二种是你已经签订的交易，这些交易包括正在交付中的和已经产生增量收入的。第三种是还在争取的业务，这些业务包括已确定的和未知的。

把数据分割成不同的部分，有助于你理解业务，发现风险和机遇，估计预算，以及预测计划的挑战性。

我是怎么使用瀑布模型的呢？我先回顾上一年的一次性交易，这里的关键问题在于交易的可重复性和重点，还有对销售人员的激励和报酬。

然后再来看合同取消，或者说是客户流失，我们主要围绕损失的原因、损失的数量，以及如何尽可能长时间地保持业务和利润率展开探讨。例如，违约时，按合同收取费用，减少已取消合同的资源分配。

最后关注降价的具体细节。例如，降价交易什么时候生效？哪些项目的哪些部分发生了降价？

我认识一位比利时的销售总监，他在这方面是指导团队的专家。他们曾遇到一位顾客要求降价10%，但他们不能直接拒绝降价。如果他们拒绝了，客户就会公开招标，他们想要中标就会产生更多的支出。

在他们的第一次内部讨论中，团队认为可以降价5%，而客户要求降价10%。这位销售总监问团队为什么要在5%到10%之间降价，他建议降价6.54%。当降价精确到小数点后两位时，通常会有更大的协商空间。不管怎样，经营方式都需要像这样关注细节，尽可能节省成本、创造利润。

在瀑布模型中添加增量业务时，你的问题应该集中在趋势上。一次性交易的历史趋势是什么？每年都有类似的销售量吗？每年都有这样的交易机会吗？

已经敲定的项目产生的收入是关键的业务驱动力。项目的预设或依据是什么？什么时候开始交付合同？项目有哪些风险？

最后是未知的收入来源：要竞标的项目，或是要寻找的新机会。项目的中标率是多少？已经确定的交易渠道规模有多大？还需要开拓多少新业务？

新一年的业务 = 上一年的业务 - 一次性交易 - 流失客户 - 降价 + 一次性交易 + 中标业务 + 竞标业务

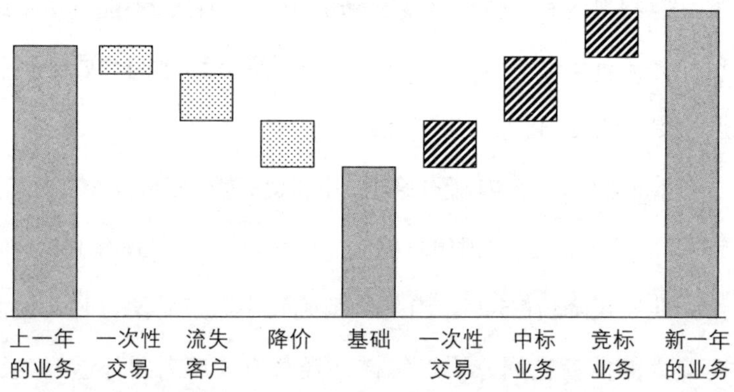

如果把这些都写进一个等式中，业务动态就一目了然了。

我们还将瀑布模型应用于利润率、现金和其他关键因素参数。

评估个人绩效

在确定期望和目标、建立跟踪绩效的方法和决定管理业务信息的方式之后，就要开始评估个人绩效了。

个人绩效评估归根到底是讨论某员工做得好的方面和需要改进的方面。首先，要平衡即时反馈和正式干预。其次，要创造一个环境，让员工能够大胆地改进他们的工作内容和方式。最后，要使用标准分析法，为讨论提供最佳观点。

创造正式和非正式的反馈时刻

评估结果对于提高表现至关重要，属于我在前文讨论过的指导角色的一部分。如果把提高表现比作体育运动，就很容易理解了。

大多数情况下，你的第一个竞争对手是你自己。你的雄心壮志是要提高自己，并且总是要做得更好——例如，为了提高短跑成绩而跑得比上次快一毫秒，或是为了在篮球比赛中得分更多而跳得更高。同时你也要和别人竞争，如果你是赛跑世界纪录保持者，那么你的竞争对手们都是世界上跑得最快的。

所有顶尖运动员都有教练或训练员，教练会对运动员的优势、弱点和需要改进的地方提出建议。这些建议可能是在比赛中或训练期间进行即时反馈，又或是回顾比赛视频时进行总结。

生意上也是这样，你应该在必要的时候立即给你的团队反馈，同时也要为季度或年度评估做好准备。

评估个人绩效是CEO的一项重要任务，我过去常常花一个小时准备每个员工的评价，看看他们完成了什么项目，他们做事的方式，他们如何展示公司的价值观，以及如何与团队其他成员合作。

在评估个人业务水平时，以下三个方面有助于找到评估重点。

业务运营。这部分有关工作职责、核心职能和运营能力，包括改善服务、成本和人员管理。

业务发展。这部分是关于为公司创造新的增量价值，每一个部门都有发展业务的机会，销售部门可以带来更多的业务，服务部门可以改进他们的服务质量。

业务变化。世界不断变化，发现需要变革的地方，合理地进行变革是相当重要的。一个可靠的管理者是公司改革的引擎。

我喜欢在评估过程中把这三个方面分开。你可以提供你的案例，但要让员工充分表达他们的观点。然后，你可以把公司的价值观带入讨论。这是一个参与官维度和推行官维度结合的最佳例子。

大胆改进

为了提高绩效，所有人都必须比上一个阶段变得更好。优秀的标准每年都在提高，客户的要求越来越高，竞争对手越来越聪明，随着技术的发展，员工的工作也变得越来越高效和娴熟。所以，去年的优秀标准放在今年已经不够了。变革来临时，你必须大胆改进，必须充分向团队解释改进的内容，以便他们理解。

这听起来可能很容易，但事实上不是。几年前，我们对一位销售总监做了一次绩效评估，审查结束后，结果不尽人意。他说："我一直在努力工作。"努力工作很重要，但这不能代表一切。

他觉得目标越来越难以达成。"是的，我们的客户也更有挑战性了，"我说，"我们必须以更高效的工作方式应对挑战，而不是只在办公室多待几个小时。你应该意识到，我们每年都要做得更好，以保持我们的竞争能力和服务客户的能力。你可以想想如何来应对这个挑战，也可以为此向我们寻找帮助。”几天后，他又回到绩效评估会议上，我们讨论了他的目标，以及他需要做些什么来实现这些目标。

复制成功

有很多方法可以展示员工的优秀表现。可以提名一位“本月最佳员工”，并在墙上贴一张他的照片；也可以把一些气球放在呼叫中心的最佳代理的办公桌上；还可以将个人和团队的成果图表公布在告示板上。

但是最重要的是培养同事之间相互认可的团队习惯。我们以前每月都会公布一个榜样，以便鼓励其他人向他们学习。

我们曾对一个语音产品的经理做绩效评估。当他还是个毕业生时，工作就完成地很好，而且他还雄心勃勃地想要每年都做得更好。同时，他也专注于工作质量，希望在年度绩效评估中获得最高的评分（5/5）。他的直属领导和我都喜欢他的精力和决心。他也知道虽然自己有很大的潜力，但还有很多东西要学。因为语音产业正在飞速发展成为数字产业，充满挑战的市场总是会带来更多的学习机会。

在评估过程中，他的直属领导已经为这场谈话做了充分准备，他把重点放在了这位语音产品经理开发的优秀作品上：灵活的价格提案、稳健的利润提升计划，以及使自我供应更简单的新客户工具。然后，他的直属领导提出了他需要改进的方面：更多地关注客户、更快地进入市场和做出更多的创新，给了他4分。

他对这个分数很失望，问为什么没有得到5分。我们告诉他，他做得很好，完美地达到了我们的预期，而且有很好的成长潜力。但是，有些事情他还可以做得更好。我们建议他应该向别人学习，向最好的员工学习，并让他思考以下四个问题。

· 在部门中，谁是最好的？

· 在公司中，谁是最好的？

· 在市场中，谁是最好的？

· 在这三个层次中，最优秀的人有什么特性、知识水平、态度和经验？

通过问这些问题，你会乐于同他人比较，向他人学习。这也适用于CEO的推行官维度。你应该思考谁是本行业或跨行业中最好的，以及原因，这些问题会完善你的自我认知。

促进团队间的学习与合作

业务之间的表现并不平均，总有一些团队比其他团队能更好地执行计划、取得更好的结果。即使是类似的业务，也会有团队能够远超预期。

在大多数公司中，很难在公司内部共享这种执行力。有时执行力取决于个人能力；有时则与团队合作的方式，甚至是团队使用工具的方式有关。CEO要发现好的工具和方法，并在整个公司中进行推广。

作为CEO，你可能会参加几十场全球性的对话和会议，许多项目、想法和计划都会由你过目。通过观察这一切，你可以建议哪些要素能运用到其他业务领域，提高其效率，哪些不必要的重复劳动需要取消。

鼓励分享

推行官是优秀业绩的主要见证人，也是合作的促进者。在一个大型而松散的组织中，优秀的想法很容易悄悄流失。

CEO和整个领导团队在鼓励公司员工进行分享时，不要低估个人的作用。分享应成为一种工作态度和一种思维模式。每当你遇到某件你喜欢的事，你应该问自己："我和谁分享过这件事？"

只有CEO积极推动分享，才能轻松地把各个团队互相关联起来。但这种分享的行为不能依赖于你。你可以成为一个伟大的倡导者，可以以身作则，宣扬这种分享的行为，让团队去构建利于促进分享的工具和方法。例如，创建可供团队讨论想法的应用程序或论坛。

刺激互惠的交流

你可以通过分享来促进不同团队间的学习与合作，让员工能够接触其他部门的优秀员工和项目。进一步地说，员工可以在别人想法的基础上一起创造，最终使整个公司都有所提升。

我们的专业业务团队由来自12个国家的近3,000人组成，他们已经彼此隔绝运营了一段时间。我们希望让他们成为一个真正的全球性团队，同时也希望他们专注于当地的业务。

有一次，我们在新加坡的会议上，发现了一个成功的客户提案，并把这个提案分享给希望转向云服务的公司，为他们提供建议。

我们在法国和巴西的团队也有类似的想法，但一直没有人汇总这种性质的提议。于是，我们将来自新加坡、法国和巴西的代表组成了一个团队，要求他们创建一个可供重复使用的方案。他们以亚洲的提案为基础，结合其他人的经验和想法，最终得出了一个更好的解决方案，更易于销售，对客户具有很高的价值。

我们决定用同样的方法汇总其他几个地区提出的零散方案，在团队的共同努力下，我们创造了一些全球通用的方案。

在这之后，我们有40多个这样的快速启动的提案，并建立了一个开放的网络社区，在这里每个人都可以向全球的专业业务同事提出问题，例如："有人用微软技术完成过一个联络中心的项目吗？"更重要的是，这种交流可以开启一种新的合作方式。

团队之间还可以在产品、确定报价的方法和服务客户的方式上进行互惠交流。

我们发起过一项国际轮岗方案，以促进各国团队之间的合作。我们从不同的国家挑选了大约40位人才，并在不同的地方为他们提供了一个为期三个月的项目。

我参加了第一组轮岗的闭幕式，很有意思。他们对东道主的业务部门有了深入的了解，并与自家的业务部门进行了比较。他们还建立了一个很好的人脉网络，在未来的几年里都会用到。这样的交流合作给不同部门带来了新的想法，很具有启发性，是打破界限的好方法。

利用好奇心推动合作

把不同的团队联系起来需要对业务有很好的了解。为了做到这一点，你需要拥有更强的好奇心。

我去印度参观过我们的服务运营中心，遇到了一个为大型跨国公司服务的团队。他们在顾客忠诚度和满意度方面取得了相当好的成绩。

这是为什么呢？因为他们一贯按时交付，并提供精确的账单。这又是如何做到的呢？因为他们有全面的信息和健全的流程。这个流程是什么？是一个简单的工具，包含所有的交付数据和账单信息。

我们仔细查看了这个工具，认为这个工具非常好，可以轻松适用于其他团队的客户。所以，我们与其他几个团队也开始使用这个工具，并很快体会到了好处。这个例子告诉我们深入了解不同的团队，然后寻找机会把它们互相关联起来的重要性。

思考

对于推行官来说，提高绩效是一项关键任务。严格要求才能实现完美执行。

· 你如何向团队和同事表达你的期望？

· 你如何制定明确的目标，并让目标与愿景保持一致？

· 你如何跟踪绩效？以过去还是以未来为依据？

· 你上一次定义关键指标是什么时候？

· 你使用哪些工具和技术来跟踪绩效指标？为什么？

· 你准备如何评估绩效？

· 你曾促进哪些团队间的学习与合作？

第 8 章

专注于实现愿景

推行官需要保持对重要事项的关注。这意味着在推动实现愿景的关键活动时，可能会忽略其他事情，也很容易分心。例如，意外的电话、事件，计划外的会议、紧急电子邮件或市场变化。保持专注是确保成功执行的关键。

为了保持专注，CEO应该确定工作的优先级，简化工作，保持冷静，授权给团队和个人，并寻找合适的工作伙伴。

优先级

时间是最珍贵的资源。我们生活在一个不停运转的世界里，每一分、每一秒都会通过各种渠道收到消息，而且经常要做出回应。决定先做什么、后做什么是一个难题。有好几次，我发现自己被日程表驱使，而不是被我决定的优先级驱使。所以，我决定做三件事。

一是经常参考我最初的计划来检查和审视优先级。

二是区分什么是紧急的，什么是重要的。

三是学会说“不”。

制订你的第一个计划

当然，为了能够随时参考最初的计划，你需要先制订一个计划并坚持下去，在这个过程中，你可能会调整或修改它，但你必须确保将此计划作为你的行动指南。计划可以是90天或是100天——这个不重要，重要的是计划要包含那些“必须要做”的事项。尽可能地把更多的细节放进去，让计划更加私人化。因为这是你的计划，而不是公司或团队的计划。

当我被任命为CEO时，我制订了一个90天的计划，其中包括我必须执行的事项，尤其是以下三点需要注意的地方。

· 团队。了解团队，了解他们的目标和计划；评估团队的能力，以及我们是否准备好共事，这是关键。我必须尽快知道需要改变的地方，于是我计划了很长的个人会议。

· 顾客。我需要知道主要客户是谁、主要在争取的机会和需要解决的主要问题，亲自给员工打电话询问，并组织会议对他们做评估。

· 财务状况。我需要了解执行计划时需要应对的主要风险，以及计划的时限。我要决定如何平衡短期的目标和长期的可持续绩效。

我还审核了一些领域，如投资组合和客户服务；访问了来自不同国家的部门和团队；与董事会和其他外部利益相关者（如投资者、记者和分析师）打交道。

区分“紧急”与“重要”

一个强有力的计划是执行的指南。然而，当你上任时，你的收件箱里会充满贺词、欢迎信息、想法和紧急请求。我花了一些时间，才学会区分什么是“重要”，什么是“紧急”。

我曾收到一封市场经理的电子邮件，邮件主题是“紧急决定”。由于我初来乍到，不想错过任何重大问题，便开始阅读它，邮件内附有20页的PPT文稿，大意是我们必须批准一个产品的上市，这样这个产品才能及时开发，以达到合同约定日期的要求。虽然对于交付者来说这是紧急的，但我不确定这对公司是否重要。

事实上，当我更深入了解后，我发现情况并不是这样。这对作为交付者的市场经理来说是紧急的，但对我来说并不是。他用这样的一个邮件主题，只是想吸引我的注意力——而且他成功了。我认识到紧迫感是主观的，要指导团队正确地使用它，否则你只会注意那些喊得最大声的人。

学会说“不”

做决策和执行决策是CEO产生影响的方式之一。为了保持自己对关键问题的关注，你要学会说“不”。一个能够巧妙地说“不”的领导，可以减少在错误的商业活动或讨论上浪费时间，会让公司变得更强大。

说“不”很容易，但对领导的要求说“不”很难。我曾与迪拜的团队讨论到如何提高效率，他们抱怨说必须准备的报告太多了。在大多数情况下，要求中都会附带一条信息：“路易斯要求提供此报告。”我喜欢用信息和数据来理解业务，以便做出更好的决策，但我一直尽量使用已经做过报告，避免浪费员工的时间。所以我告诉他们，如果他们认为这个要求是毫无意义的，他们可以说“不”，毕竟要求里没有解释为什么需要报告。事实上，我一般只要求员工提供正常工作所需的信息或报告。

对供应商说“不”，也有利于双方的商务关系。我曾和一家软件公司的负责人进行过一次讨论。他们想和我们一起运营，但我们并不打算合作运营。我们的团队想表现得礼貌一点儿，于是延长了讨论时间。但是，只有我们明确表示不打算做驾驶仪，才能不再浪费双方时间，继而开始寻求其他合作机会。

果断地说“不”是保持专注的基本保证。

简化组织结构

对于任何一位新上任的CEO来说，简化组织结构都是一个工作重点。随着时间的推移，组织结构往往变得更复杂。例如创建某个部门是为了支持某些项目或想法，而在项目结束时，又常常忘记“关闭”这个部门。开发新技术时出现了重复计划；并购整合也并不总是像最初预期的那样清晰，导致结果混乱无序；处于危机时期的公司希望降低成本。简化是一种解决上述问题的好方法。然而，为了掌控简化，又会多出很多管控部门。

推动一个强有力的简化计划，你必须去掉公司中所有不必要的工作，建立信任，推动建立一个更简单的运营模式和支持部门的结构。

去掉不必要的工作

我喜欢亚马逊公司的一句话“像第一天来公司那样工作”。亚马逊公司的目标之一是避免产生结构复杂的大型公司会有的负担。公司建立多年，难免会有很多层结构，还可能会维持着不再相关的战略部门，最终很难一直保持业务清晰。

这让我想起了和克莱尔·威廉姆斯及其团队的一次交流。他们最擅长的事情之一就是把注意力集中在最重要的事上，甚至决定“停下任何与让车跑得更快无关的商业行为”，我喜欢这种说法。

我一直在追问，我们是否足够严格地停下了那些不能让“车跑得更快”的事情。这个问题适用于每一个行业，无论哪种“车”，无论哪个性能指标，都需要“跑得更快”。对任何级别的公司来说，都应去掉不必要的工作。

建立信任

在某些情况下，业务变得复杂与创建了过多的管控部门有关，而这些管控部门的主要目的是管控管理者。当公司处于困难时期，会创建这些部门来保护公司。

这样有两种风险。一是会产生复杂的流程和额外的成本，如果这些部门的权力过大，还可能会减缓整个组织的响应速度。二是导致员工缺乏责任感，因为有些人可能会过于依赖管控部门，而不是自己去承担责任。

一个很好的解决方法是将大部分的责任分配给业务领导，信任他们，建立明确的管控机制，并相应地应用结果管理。

我们曾在收购一家公司后，发现这家公司有一个监管部门，负责审查和监管销售团队签署的每一份订单，目的是确保估价正确。而销售团队也有自己的部门来监管，以确保在受到监管部门的质疑时，可以给出自己计算的估价结果。

这显然是一个缺乏信任的例子，它会造成公司结构繁冗。我们改变了监管流程，只有几个样本会接受审核，只有造成信息错误的人才会接受严重的后果，并且明确规定了销售团队负责提供准确的数据。这样不仅节省了时间、金钱和精力，还确保了良好的管理，使员工能够正常工作。

信任是提高业务灵活度的强大工具。适当程度的管控可以营造信任感，而且这种正确的管控必须要独立、严格，且与业务平行。强大的内外部审计团队、和人人可见的领导力可以轻松实现良好的管理。在推行官维度上，需要展现出稳健管理中强硬的一面，而你的行为也会启发别人。

使组织结构更简单

随着业务的增长、扩张和全球化，公司也会越来越复杂。在公司创立新职能时，经常是新职能与现有的工作没有一定的区别，工作的描述不能很好地勾勒出工作职责的边界。然后，当新的职能或技术再出现时，这种情况会更频繁地发生，公司很容易有多余的职能管理层。这样就必须要有一个公司的监管人，来限制多余的工作和职能。

我在担任CEO时，审查了公司的所有工作和职能，创建了一个作战室。在作战室里，我们把整个业务的所有上层组织结构图一起展示，通过可视化，对公司结构有了一个更好的了解。

我们关停了重复的工作。发现有些工作定义不够清晰，就把多个功能合并为一个。通过把零散分布的团队聚集起来，我们优化了流程，使团队响应速度更快，而执行这个简化的计划一共花了六个月的时间。

公司的配置够简单吗？每个工作是否都有存在的必要？不断质问自己这些问题非常重要。

保持冷静

作为CEO，你总是会遇到困难和挑战，你的状态和反应，会影响你处理困难和挑战的能力。恐慌是你最大的敌人，保持冷静是你需要培养的核心能力。

在面对失败时，要保持冷静，专注于行动。首先，要评估影响。接着，通过制订明确的计划，对受影响最严重的地方做出快速反应。然后，再花更多的时间研究其根本原因。最后，要营造一种学习型公司文化，而不是责备型公司文化。

评估影响

技术故障、法规更改、网络安全攻击和意外的内部问题，突发的问题层出不穷。在你做出不受控制的反应之前，评估影响是非常重要的，这会让你更好地了解正在发生的事情，以便迅速采取行动。反应速度需要有沟通策略，如果突发问题与客户或市场相关，你需要准备一个计划，来解释发生了什么以及你已经采取的行动。我们见过有些CEO在没有得到适当信息的情况下，过早地与客户沟通，这是在拿自己的信誉冒险，此时只需保持冷静就好了。

在准备新的长期战略计划时，审视短期内突发问题的影响并将损失降到最低也很重要。我们也经历过一些紧张的时刻，保持冷静永远是第一要务。

有一次，我们为一家做金融服务的实体公司，安排了一次技术改动，并且安装了新的安全证书。周日晚上的服务一切正常，但第二天早上，一些电子银行的服务出现了故障。我们接到警告后，立刻动员团队查看细节。几个小时后，我们解决了故障。全程我都与客户公司的主管保持直接的联系，确保为解决问题的团队提供需要的资源。我记得我做工程师的时候，CEO只能做一件有用的事——给处理事件的工程师们带比萨。

解决根本原因

保持冷静的同时，还要采取有力的措施，找出问题的根源。系统地理解问题背后的原因应该成为公司DNA的一部分。

我们建立了每周业务会议来解决以下三个问题。

问题一：我们知道问题发生的根本原因吗？有时你可能会被问题的表象分散了注意力，而不会追根究底。就像有些疾病一样，发烧或咳嗽只是症状，而非真正的病因。

问题二：我们是否有解决这一问题的计划？了解问题的根本原因是关键，但你还要建立一个明确的计划来解决这些问题。计划内容需要包括活动事项、执行者和时间期限。

问题三：我们是否正在推动计划的执行？只有计划还不够，还要分配给执行计划所需的资源、系统或工具。

这样系统地创造了一种探究根本问题的文化和专注于执行的文化，让每个人都有准备地面对问题。

营造学习型文化，而不是责备型文化

面对这些突发问题时，有一种应对方式十分诱人：找出一个罪魁祸首。而CEO要改变这种责备型文化。当然，**追究当事人的责任很重要，但重点应放在学习和吸取教训上。**

责备员工完全是浪费时间，这种责备甚至会驱使员工不停地找借口，把责任推给外部因素。你把学到的教训记下来，并将这些教训传播到整个公司层面，这样公司就会变得更好。

在我的职业生涯初期，曾和一位领导共事，他把大部分时间都用于追责员工，这种行为营造了一个让人恐惧和缺乏信

任的环境，没有人愿意承担责任，最后他成了整个组织中唯一负责任的人。这就形成了一个恶性循环，当新问题出现时，他需要更多的人来承担责任，而被追责的焦虑感会使员工不够自信，甚至更频繁地失误，最后我们什么教训也没学到，因为从来没有真正查明根本原因并解决它。

当然，员工应该为问题负责，公司也应采取严厉的措施。然而，重点是防止这一问题在其他地方再次发生。公开分享挫折和失败，然后重新启航，实施新的计划，避免这种失败再次发生。

授　权

CEO没有时间处理公司里发生的一切，所以，CEO需要把责任和决策授权。

我在第五章中探讨过以参与官的维度授权给团队，本章则重点探讨以推行官的维度授权给员工。

授权给员工，可以使CEO专注于自己的职责和决策，专注于那些只能由CEO自己管理的部分。你必须决定授权出去哪一部分业务，分配决策的一个好办法是尽可能多地接近客户。

你可以任命一些迷你CEO，让他们通过承担更大的责任来学习领导技能。然而，这意味着，当权力下放后，你和受权人都必须掌握风险管理的技能。

使决策接近客户

你可能会觉得以你的知识和经验，比那些直接接触客户或当地公司的人，更有资格做出更好的决定。遗憾的是，事实并非如此。如果事实是这样的，那你就选错团队了。当然，你可以在批准新工作，或在质疑给客户的折扣上浪费时间，但你更应该集中精力在大局上。

我们曾在招聘新人方面实行过一套严格的管控方法，以避免不必要的人员招聘。如果有人想招聘一个职位，不管他们是哪个地区的团队，都必须将招聘提案交给中央筛选团队，由中央筛选团队决定这个职位是否有必要招人。

然而几个月后，我们发现中央筛选团队没有足够的认知背景来支撑他们做出正确的决定。他们每次都要与请求招聘的部门做探讨，才能对这项招聘有更好的理解。

我记得有次讨论是关于在阿根廷招聘销售一事。经过3个星期的反复考虑，我们把决定权移交给了阿根廷的经理，他们比总部的任何人都清楚自己的商业环境。我们认为最好让每个部门自行判断他们需要的资源，并让他们对业务目标的结果负责。

我见到过地方销售询问总部经理，是否应该提供特别优惠或回扣。虽然决策责任的门槛标准十分重要，但节省资金的决策应是通过将责任下放到相关部门来实现，而不是通过复杂的审批流程。随着前端销售代表对策略的随机应变，客户满意度也会有所提高。

任命迷你CEO

授权不仅能节省时间，还能帮助团队理解CEO的职责。你可以明确一些团队可以驾驭的专业领域，任命一个迷你CEO。

迷你CEO的工作是管理大型客户，对损益和客户关系负责。他们需要寻找新的机遇来发展业务，提高效率和降低成本以实现高利润，确保足够的资源，设置风险管理，对合同建立有力的管理措施。

尽管有些人会难以掌控如此广泛的责任范围，但对于那些想在未来成为CEO的人来说，这是一堂绝佳的课程。任命迷你CEO还可以让我们甄别出谁是公司未来的领导者，在一定限制范围内测试他们的能力，看看有谁会在测试中脱颖而出。

掌握风险管理

授权是一个可以强化公司风险管理的绝佳机会。善于评估风险的公司在做出决策时，会获取更多的信息。

你应该先识别风险，并将其记录在风险表中，考虑风险发生的可能性及其潜在影响。你还可以使用象限列表对风险信息进行分类，然后决定优先级。

进行风险分类后，还需要鼓励团队有承担风险的意愿，制定减轻风险的措施。

然而，风险管理需要一段时间才能在整个公司完全应用。例如，当我们在合同审查中要求出具风险表时，有一个团队提供了只包含两项风险的表，他们认为其他的风险都不值一提。

其实，**一些风险看似很小，但是潜藏着巨大的影响**。团队认为这种小风险发生的可能性很低，所以没有采取任何措施来应对。

正确的做法是，再小的风险也要记录在风险表上，并为此做好相应的准备。几个月后，在管理层会议或合同审查中讨论各种风险已成为惯例。

作为领导，你必须从公司的最高层定下基调，你只有通过询问风险，讨论减小风险的计划，整个公司才会重视风险管理。

学会合作

合作正逐渐成为一种行业生态，越来越多的公司选择共同开发和发行产品。引领这种生态潮流会给业务带来新机遇，借助行业中的合作伙伴，为公司创造更多的价值。

通过合作建立核心业务

开展任何商业活动，都可以遵循三种策略：**开发、购买和合作**。

是否可以开发一个新的信息系统或新产品，通常取决于这个提议与核心业务的紧密程度。例如，开发一个功能通常需要时间，所以，这个功能要与你正在寻找的价值密切相关。

购买也是一种策略。购买可以使公司更快获得需要的能力，但有较高的短期成本，所以你需要对增加的要素及其与核心业务的距离做出战略决策。接下来就是制定商业方案的问题，看看是自己开发好，还是购买更好。

合作策略略有不同。当推动业务所需的功能不足，且这些缺少的功能不属于愿景的核心范畴时，可以使用合作策略来进行补充。选择合适的合作伙伴是推行官维度中的关键能力。

随着我们云投资组合在市场上越来越有吸引力，许多分析师和客户对我们的提议产生了兴趣，并深受启发。但我们还需要另外一些参与者的全力支持——我们的合作伙伴。

在这样一个飞速发展的行业里，合作伙伴需要有亲密的关系、专业的知识和开放的合作态度。我们与很多全球知名公司都有合作关系，例如，为思科系统公司提供的关键网络设备，帮助易安信公司实现云计算能力的增长，为诺基亚提供的虚拟网络解决方案。

我们的职责是不断了解他们的投资领域，以及我们要如何与他们合作，按照他们的需求提供解决方案。我们规划了他们所需的产品和服务，明确了要构建的地方，决定了为完成我们的愿景而需要合作的内容。这种策略节省了时间，也让我们保持专注。

建立合作伙伴关系，而不是供应商关系

供应商是指按一系列条款和条件提供产品的公司或个人。公司的大部分业务都需要供应商，建立可靠的采购流程会优化合作方式。但在某些情况下，你可能需要与合作公司建立更紧密的关系。

建立合作伙伴关系时，你需要公开自己的计划，以确保合

作成功。与合作伙伴一起工作时，要考虑以下几点。

· **我为什么要合作**？寻找可以为业务或客户带来价值的专业领域的合作伙伴。

· **他们在哪里投资**？确定他们的投资方向与你的愿景一致，而且会致力于你的愿景。

· **你将如何与他们合作**？决定合伙协议中涉及的产品、资源和投资。

· **他们为什么想和你合作**？这点会让你认识到合作的力量。

有一次，我和团队在讨论投资组合的演变时，想通过云端开发计算机的处理能力和存储能力。当时的行业头部公司已经在他们的网络服务中投资该技术，并提供了可靠的提议，于是我们分析了一下能否与他们竞争。答案是否定的，与他们投入的资金和公司规模相比，我们的核心能力和目标相差甚远。因此，我们决定与他们建立合作伙伴关系。

我们研究了客户的要求，以及如何应对新的关系，然后建立了一个操作框架，将我们的服务与顶尖的云计算供应商整合在一起。对他们来说，这是一个稳健的大型业务上市的提议；对我们来说，我们得到了一个更丰富的产品服务，给我们的客户带来了改变。

利用生态系统

推行官可以利用合作伙伴关系创建新的运营模式。大多数行业中，不同领域的公司之间存在相互联系。有些是竞争对手，有些则是合作伙伴。互联网金融就是一个很好的例子。新的初创公司利用互联网技术来开发金融服务项目，创造一个新的市场来提供他们的产品。如果这是一个值得信赖的市场环境，就会吸引很多做互联网金融的客户和合作伙伴，让这种生态系统影响力更大。

我们在云端方面拥有领先的金融服务网络，成功地创建了一个在业界相当独特的合作模式，2,000多个应用程序和数千个合作伙伴都在这个安全的平台里运营。

在这个开放的平台里，新公司可以将他们的解决方案推向市场，参与者可以轻松地整合新的服务并投入使用。任何公司都不可能从零开始构建一套这样范围广泛的解决方案。然而，行业生态系统的力量使之成为可能，对竞争对手来说也是如此。我学到了通过保持专注，以及创建、发展和利用伙伴关系，可以加强核心业务。

思考

在这一章中，我们讨论了推行官维度的重要性。

·你如何确定工作的优先级？

·你如何与团队合作，在关键领域集中精力，避免分心？

·你上次遇到的危机是什么？你是如何面对的？

·为了节省时间，你授予团队什么权力？

·你是否清楚什么是核心业务，什么不是核心业务，以便选择与谁合作？

·你与合作伙伴是如何合作的？如何区分供应商关系与合作伙伴关系？

第 9 章

创造变革

推行官是公司中最强势的变革代言人。任何公司都需要通过推动变革来变得更好。每个CEO都必须找到实现愿景和面对挑战所需的变革类型和变革程度，所以，CEO必须要大胆果断，带领团队适应变革、接纳变革并从变革中受益。

在推行官维度上，CEO要为变革创造条件，明确变革的重点，并大胆实践，要了解需要变革部分的市场环境，还要创造一种革新精神——像初创公司一样保持新鲜、创新和机敏。

为变革创造基础

一般来说，人们不愿意离开自己的舒适区，更不愿改变。变化意味着要面对不确定性和风险，而且经历改变需要付出艰苦的努力。因此，必须要明确变革的必要性，并乐于接受挑战，找出阻力在哪里，辨别盟友是谁。整个公司的变革代言人是执行变革计划的关键环节。

明确为什么需要变革

无论变革的原因是业务绩效不佳，还是无法控制的外部变量，你都要让公司员工清楚地认识到，大部分的业务变革失败是因为公司员工没有充分参与。

解释变革的原因需要你在参与官和推行官维度上下功夫。

我曾遇到过一家化工公司新任命的CEO，他们公司面对的挑战是提高盈利能力，保持可持续发展的业务。这位新上任的CEO意识到进行变革比他想象的要困难，员工对公司所需的变革缺乏足够的认识。

于是，他安排了公司上层两个级别员工的会议，大约100

人。会议开始后，他关了灯，员工们在一片漆黑中开始感到不适。接着他分享了一个残酷的事实："这正是我们现在的处境，看不到我们将走向何处。我们今天来这里，虽然抱着一切都会变好的想法，但事实上，我们迷路了。我需要你们，接下来会有很艰难的路要走。如果你还没有准备好踏上这样的旅程，请你尽快离开。"六个月后，公司只剩下了一半的员工，但他们成功实现了转型，走上了利润增长的道路。

公司变革有很多原因。

或许是公司需要更多的利润。公司所产生的回报水平必须对投资者群体有吸引力，因此，需要给投资者提供比其他公司更高的回报，这是公司的一个生存问题。

又或许是公司面对的竞争对手变得更具挑战性。当扰乱市场的竞争对手出现时，团队需要明白自己正面临风险。

托马斯·弗里德曼说得很好："在非洲，每天早晨瞪羚醒来，就知道自己必须比最快的狮子跑得快，否则就会被吃掉。每天早上狮子醒来，就知道自己必须跑过最慢的瞪羚，否则就会饿死。不管你是狮子还是瞪羚，太阳出来的时候，都最好赶紧开始奔跑。"

这意味着仅仅理解变革的必要性是不够的，还要在公司中营造一种紧迫感。

找出变革的助力和阻力

引领公司的变革要靠整个公司的努力，CEO要找到那些在部门里为变革创造相同条件和环境的人。这些变革代言人有以下三种类型。

可信的领导者：具有良好声誉，受其他人追随的人。

热情的沟通者：能够在智力和情感上解释变革的人。

坚强的执行者：有决心和能力保持高能量水平的人。

我用象限图表来确定我的直属团队，这也可以推广应用到整个公司层面上。

变革类型

建立一个象限，横向轴为员工的参与程度，纵向轴为员工

的积极程度。左下角是低参与度和低积极度的员工，他们是观望者——被动地观望着正在发生的事情。你需要这种人，尽管他们不抵触、也不参与变革，但他们会完成你分配的任务。

右下角是追随型员工，他们不主动，也不领导。然而，一旦决定了什么，他们就会执行。他们中的一些人如果能被某些动力驱使，就会分入变革代言人的象限。

右上角是积极参与，随时准备行动和动员公司的员工，他们是你变革计划的核心。你要花时间把他们联合起来，让他们在整个变革过程中都能得到及时的反馈。

左上角是消极型员工，他们不只是对新形势、新计划采取消极观望的态度，甚至会对此发表消极的言论。消极型员工就像宇宙中的黑洞，说服他们就是浪费时间，不仅会耗尽你的能量，还不能得到任何积极的结果。但他们中有些人在执行重要任务，所以你需要暂时保留他们。对其他不愿走上变革道路的员工，则越早采取行动越好。

定义变革

一旦确定变革，你就应该明确变革的细节。对于任何公司来说，转变观念都很有用。但是你必须要把重点放在革新的关键领域。

你需要区分大变革和小改动，审核确定业务和运营模式，重新评估你在业务上具备的技能。

你的推行官维度应该展现出优秀的计划能力，清晰地区分什么是主次，明确什么是核心，以及掌握员工擅长之处。

这是三个领导力维度相互贯通的时刻：清晰的目标、高涨的参与度和强有力的转型计划。

确定业务和运营模式

一场大的变革计划可以对核心业务的源头或结果进行审查。重大的市场变化迫使你优化公司的核心活动，或者让你决定主动投入另一组产品。因此，你必须改革。

从行业层面上来说，以我们所处的电信行业为例，传统的业务是销售电话通信服务——一条线路和一个用来打电话的电话号码，这项业务发展到今天，包括了数据移动服务和随之而来的无数个应用程序。互联网内容，包括电影、电视剧和体育，正在创造新的商业模式，收入和利润率也在价值链中不断变化，其中有的东西消失得无影无踪，有的东西改头换面。因此，仅仅理解核心业务远远不够，仅仅依靠传统利润生存也是有风险的。

从公司层面来说，以我们公司为例，变革方向是云服务、付费平台和与之相关的解决方案（如网络安全）。这意味着公司的所有领域都要进行变革：产品、服务、成本基础、员工技能。让参与者们反观自身，重新思考核心业务是什么，以及如何组织新的核心业务。

市场动态的变革会受到客户接受变革方式的影响，会改变你和客户合作的方式，也会使公司的经营模式发生变化。这些都带来了挑战和机遇。

有家一流的化工公司，主要业务是向大型汽车制造商供应汽车漆。一直以来，汽车公司以加仑为单位购买油漆，所以，这家化工公司的专业销售人员致力于成为供应商，并尽可能多地销售油漆。

但是有一年，汽车制造商决定改变他们的经营范围，想强化油漆对成品的作用，让油漆供应商成为他们价值链的一部分，以便加强与供应商的合作并推动创新。为此，汽车制造商制定了新的指标和支付方式，以漆好的车的数量支付，而不是用加仑计算。

突然之间，传统销售方式的方向和努力都变成了无用功。现在，这家化工公司可以获得最大利润的方法是使用尽可能少的油漆，同时又能达到汽车制造商规定的标准。对于销售人员来说，这改变了他们与客户打交道的方式。在新的合作模式中，每辆喷漆汽车的质量指标、漆层厚度、亮度、耐腐蚀性等成了关键参数。

作为一个CEO，你面临的挑战是，不管你所处的行业是什么，这种变革都无处不在，你的业务和运营模式也可能会中断。**利润率的变化是确定新业务和新运营模式的参照指南**。

鼓励员工学习新技能

员工也是变革的重要部分，每个人都需要改善自己的工作态度，提高自己的工作能力，而大多数人难以做到。在这一过程中，CEO能发挥关键作用，为他们提供信心和支持。员工看到CEO不断地学习和提高自己，就会对CEO更信任，更重要的是，他们会意识到自己也要不断地学习。

在公司对公司的销售中，客户关系很重要，学习新的技能也是必需的。获得利润的方式在改变，客户购买的方式也在改变，这就需要更多的解决方案。我们应该为那些愿意接受改变的人提供重新学习的机会。

行业变革越来越频繁，重新学习成为公司发展的一部分。投资组合的某些部分会消失，某些部分会被重新建立。公司会从现在和未来的工作中甄别出哪些是为成功做准备的，弄清楚哪些工作会消失，进而制订劳动力转移计划。

在变化多端的环境中，发起重新学习的项目很关键。CEO 要关注六个重点。

· 了解未来需要的工作

· 了解未来不需要的工作

· 根据新技能和现有技能的概况，为不同变革目标制定培训方案

· 广泛地做沟通，让尽可能多的人知情

· 同意个人转变的方案

· 执行过渡计划

例如，安全领域的需求不断增加，电信业的安全问题层出不穷。但网络安全人才短缺，聘用这些人会带来过高的工资成本。

与此同时，一些传统的网络组件逐渐消失，比如语音网络。这为那些具有良好工作能力、愿意学习安全领域的语音工程师创造了新机会。所以，我们团队推出了重新学习的计划，而这个计划也被大多数员工接受了，只需要一些时间就能走上正轨。

实施和促进变革

作为组织的变革推动者，CEO需要对实施变革的工作给予高度重视。但CEO不必为此亲力亲为，只需要负责协调变革的执行框架。

对公司进行如此大的变革需要有方法地来执行计划，CEO需要决定变革的程度，而且，团队也要以持续改进的心态改善日常的工作，这些计划都要有工具和培训的投入。推动变革需要开展参与性强的活动，所以推行官和参与官的技能在变革过程中的作用非常明显。

决定推动变革

所有的公司都在不断变化，无论是运营模式中的一系列小改动，还是大规模转型计划。在任何转型项目中，变革管理一直都是关键环节。

推动变革时，要明确四个元素。

- **问题定义或问题描述**
- **行动计划**

· 执行

· 跟踪结果

下面我们简单讨论一下前两项，我发现这两项对正确执行至关重要，另外两项我们在前几章也提过了。

定义根本问题才能省时省力

定义根本问题听起来很简单，但很容易被人忽视或做错，有些问题你只看到了表象，而不是其根本原因，甚至可能忽视真正的问题所在。所以，你需要花大量的时间，对要解决的问题做出明确的描述。

有一家物流公司，他们未能在承诺的日期前将货物交付给客户。顾客不满意是因为他们没有按时拿到货物。他们可能会这样表述问题："我们给客户的日期过于乐观，因此我们没有兑现承诺。"

避免给客户提供错误日期的方法是：每个销售和服务代表都应该在确定日期之前查看历史数据，咨询交付团队，并与他们敲定时间表。最后，他们甚至还要增加一些突发事件预警，以防意外事件发生。

然而，这样是否解决了根本问题？这是根本问题吗？为什么他们提供的日期过于乐观？因为在某些情况下，这是行业中的标准交付时间，而销售和服务团队又不想错失业务，并试图提供有竞争力的报价。他们认为一旦赢得业务，交付时间的问题可以在内部解决。

所以，根本问题是他们太慢了。乐观的承诺只是一种表象。问题描述应该是："我们的交付流程太慢，为了留住客户，在交付时间上承诺过多。"然后，接下来的措施将着重缩短交付周期，提供高效的服务。此外，还可以有一些关于管理客户信息的措施，例如提供更准确的交付地址。

扎实的行动计划会让你更轻松

要采取什么类型的行动计划，取决于公司的概况，甚至取决于要执行的活动类型。

项目管理有三个基本原则：是什么、谁来做和何时交付。当然，你可以更巧妙地问三个问题：付出什么代价？对另一个任务的依赖关系是什么？需要哪些技能和资源？但在最后，你需要总结必须做什么、谁来做，以及何时交付。答案越明确，你得到的结果越好，就越容易跟进计划。

有次，我们的产品经理与团队一起审核IP语音产品的发布，此举是支持客户进入数字化IP世界的关键基础，而且该产品也让我们在市场上有足够的竞争力。当团队提出项目计划的建议时，大多数人都很满意。然而产品经理看到这个计划后，认为仍然有很多要讨论的地方。该计划的其中三项内容如下。

任务：优化订购模式

任务负责人：威尔和艾哈迈德

任务期限：第一季度

在一个推出产品的计划中有这样一个任务是完全可以的。然而，产品经理想到了更多。“优化订购模式”是什么意思？你想用这个任务实现什么？如果任务描述这么模糊，怎么能知道这个任务的最终结果是什么？每个人对最终产品都有不同的期待。有些人认为，优化可能是优化网页界面；有些人认为，优化是减少错误。

在制订计划时，关键是要尽可能地明确任务是什么。当任务存在与其他任务界限不分明时，明确的任务描述尤其重要。最好有一个更具体、更清晰的描述，比如：“优化和简化订购模式，使输入数据所需的时间减少40%，并在转入生产阶段时，实现订单零拒绝。”

这个计划另一个有意思的地方是有两个任务负责人。负责人不是什么都该做的人，而是负责确保任务完成的人。艾哈迈德质疑自己是否有能力让团队听话，而这恰恰与领导力有关。项目领导与项目管理在专业技能和职业发展方面有很大的区别。

上述计划的第三项是关于时间的。一个季度是很长的一段时间，如果计划是提前三年开展，则可能是一个正确的衡量标准，但如果是一个短期任务，则显然不是正确的。

有两种方法设置交付日期。一种方法是从现在开始。然后，明确所需的任务和依赖的关系。把它们放在一起，你会得到一个预估的日期。如果日期太远，你可以在后续的更新中再次审核计划。

另一种方法是先有一个截止日期。例如，你的一个客户需要以他们前一个供应商的合同结束日期，作为你们提供服务的起始日期。

有了明确的计划，变革就可以开始了。为了变革顺利进行，我们可以以循序渐进的方式，定期发布变革计划。例如，每90天为一个周期，对流程、系统或产品中的重要转型项目进行一系列的新改动。这种方法对员工来说更容易适应。

把大变革分解成小变化

变革需要伴随着一些小的变化，这样可以加速改进并提供短期利益。对大多数人来说，在日常工作中无法看到巨大的变革，所以我们可以先进行一些小的变化，取得阶段性成功。

当我们面临着一个庞大的系统变革时，运营部门可能需要几个月才能看到积极的变化。但与此同时，在员工的日常工作中也有许多小阻碍，于是我们决定并行处理。有些小问题对员工的日常工作影响很大，所以我们开展了一个名为“消除烦恼”的项目。

我们建立了一个网站，员工可以在上面分享他们的烦恼，还创立了一个专门的团队来处理他们的烦恼。有些烦恼被放弃，但其余的被归类到快速修复和更大的系统变革中。我们进行了1,000多个小的修改，例如更换以前响应迟缓的台式计算机，删除重复的数据输入，自动化电子报表或清理数据等。

用持续的改进来推动小变化

持续改进可以促进创新和改进流程，使后勤部门产生更高质量的结果，以及在适当的激励和制度下，消除对客户报价不必要的审查工作。

我曾去过匈牙利布达佩斯的一个支持中心，持续改进带来的高效率方法已经融入该地区不同团队的日常工作中。他们有一个绩效表，每周举行一次会议，审核新的想法和以前的计划是如何落实的。大多数想法都是一些影响很大的小变化，都是以客户为中心的，例如连接系统以避免三次向客户询问相同的信息。同时，团队也在关注这些改进带来的影响，并每月表彰绩效最好的员工。

向变革投资

你可能听过这句话："不要空口说白话。"变革也是这样，你要用正确的投资来支持你的战略方向。信息技术、系统和流程都是推动计划的强大的不可或缺的工具，投资不足是最常见的错误。CEO应该大力倡导信息技术在变革中的作用。

我们应向以下三个领域投资。

一是生产力。更顺畅的工作流程会提高效率，更集中的人为干预会节省时间和金钱。机器人技术可以代替人工，完成一些可以自动化的任务，例如支持团队工作、团队协作的工具，以及使团队交流更畅通的工具，将使每个人都更高效。

二是客户体验。通过自助服务功能和创新平台提高服务水平，可以确保客户忠诚度。要提高捕捉客户反馈或提供个性化服务的能力，要根据客户的需求来调整业务。

三是数据管理。更优秀的信息管理方法能够使你更好地掌控公司，无论是在财务数据、客户信息方面，还是在市场信息方面。信息会让你更快、更好地做出决定，并对意外发生的事情做出更快的反应。

了解市场

市场在不停的变化是需要变革的根本原因之一。当客户面临新的挑战时，他们的决策可能会发生变化，你领导的公司要适应这些变化，变化既会提供新的机会，也会制造新的风险。

你的竞争对手也在不断变化，传统的竞争对手会变得更好，新的竞争对手不断出现，有些对手还会扰乱你现在的赚钱方式。了解你的对手，观察公司周围的生态系统是一项重要的任务。

有家银行的CEO每周都组织1小时的会议，审核具体的技术领域及其对公司的影响。他邀请了一些优秀的科技公司和初创公司，听取他们的商业模式以及与客户打交道的方式。他与风险投资公司会面，了解他们的投资方向。他还与员工座谈，以便获得新的想法。在他尽可能多地了解市场变化的同时，团队经常会准备关于深层次技术问题的简单解释。反复如此，这些信息被用来完善目前的计划，发起新项目，并与初创公司创建合作计划。

CEO是变革的引擎，在树立市场意识方面能够起到表率作用。

按市场机遇打造公司

通过深入了解你的客户，能够创建一个随时准备与他们合作的公司。在与客户的CEO交谈时，可以得到他的指导，也可以了解他们在各种事情上所面临的困境。

我和他们中的许多人都讨论过如何管理业务，这些业务是全球性的，每个客户的总部都在不同的地方。他们也有居住和工作在不同地区的客户，从这个角度来看，这些都是地方业务。这就需要在全球化和本地化之间找到平衡，反之亦然。我决定称之为“全球化地区（Glocaland）”，一个兼顾全球化和本地化的地方。

全球化地区有如下一些概念。

· 全球市场（Global markets）是由跨国公司的全球扩张导致的，跨国公司需要强大的本土意识来服务客户，这些客户之所以是全球化地区的客户，是因为他们希望从供应商那里获得全球客户管理和服务，同时也希望能够在本地交付和联系。

· 全球化资源（Global sourcing）允许公司跨多个更方便的

地点制造或提供服务。

· 全球化人才（Global talent）是优秀的公司与好的公司之间的关键区别。如何寻找、吸引、留住和发展最优秀的人才（包括在公司中负责全球业务和本地业务的人才）才是真正的挑战，只有做到这一点的公司才会成功。公司还需要全球化地区经理人，管理来自多个国家的员工，把员工组织成一个团队执行任务。

我们调整公司，使之成为全球化地区：实现全球化治理，支持全球化的流程、产品和客户服务，并根据法规或特定需求平衡本地化和定制化。团队协作和强有力的领导是成功实施的关键。我经常陷入一种两难的境地：全球化还是区域化，我们曾试图实践“思想上全球化，行动上区域化”，这是一个艰难的平衡，需要大胆的决策和灵活的团队。

准备迎接一个有专业消费者的世界

有一种了解市场的方式是直接与服务的终端用户交流，技术打破了传统意义上职业环境和个人环境之间清晰的界限，新一代的消费者使用创新工具来采集产品知识信息，做出更明智的决定。他们愿意表达更多的个人利益和意见，用隐私数据交换服务。

对于任何一个领导者来说，专业消费者的存在都是引人深思的。不管他们是客户还是员工，都能激发辩论。如果要吸纳专业消费者成为客户或人才，就需要改变业务流程、思维模式等解决方案。

我常和那些专业消费者交谈，看看我们可以调整业务的哪些方面。他们的想法令我耳目一新。

找出成功的颠覆者

专业消费者带来的颠覆也正在发生 ，新的竞争者正在用不同的商业模式创造创新的解决方案，这一现象可能会波及你的公司，因为有些公司甚至进入了一些对其他行业有巨大影响的市场。

CEO的职责是了解行业动态，尽可能多地与人交谈，知道谁在做什么生意，为什么要做这个生意，他们计划如何赚钱，如何吸引客户，以及他们与众不同的卖点是什么。了解并讨论客户的反应。

接下来，你就可以准备行动了。当然，这不是一蹴而就的工作，你应该把这件事作为日常工作的一部分。

你几乎可以在任何行业中看到颠覆者，这是一个势不可挡的过程。出租车公司、酒店、银行和内容制造商都在经历市场被搅乱的过程，在许多情况下，市场监管能力都被市场变化赶超。作为CEO，你不应消极回避市场的变化，创新的想法会帮你找到出路。

有很多方法可以认识这种市场颠覆，以及认识它是如何产生影响的。宝马创造了一个新的生态系统；IBM一直在寻找新的创意，并不断地在此过程中学习新的知识；巴克莱银行致力于促进金融科技讨论，以了解并投资可能成为其新一代服务的领域。

我每周花几个小时阅读，与人谈论市场颠覆。如果颠覆所处的行业是公司的愿景之一，那么CEO必须为了实现这个愿景而尽自己最大的努力。

成为数字化的领导者

我们的生活方式和商务模式接受数字化技术的速度比以往快得多。最好的CEO将是那些能够理解和利用数字化价值的人，他们会成为数字化的领导者。

在推行官维度，CEO应该掌握如何使用数字技术。要让团队对数字技术的运作方式和用法进行深入研究，合作伙伴在看到他们认为的最新科技时，会随时和你分享最新情况。看投资者投资哪种新公司，是一个很好的办法，还要看公司孵化器中，初创公司的存在原因。

作为一个数字化的领导者，CEO要挑战团队使用技术的方式，首席信息官的角色要进化为首席数字官。此外，营销领导者必须了解如何利用大数据技术和数字渠道，运营经理要研究如何通过使用传感器和机器人技术来提高效率。CEO要鼓励这种学习行为，为他们提供资金支持。

有些CEO是很好的榜样，比如安娜·博廷。安娜·博廷是桑坦德银行的执行主席。她决定直面数字化带来的挑战，改变组织结构以增加竞争力，努力跟上世界的快速变化，为客户提供与时俱进的服务。她和她的团队利用数字技术的力量，推动了公司文化向以客户为中心进行变革，创新产品和服务、投资数字平台、吸引新人才和重新培训员工都是该战略的核心要素。

桑坦德银行的特点是注重以客户为本，为社会做贡献，并致力于当地经济发展。安娜是一位知名的数字化领导者，也是银行转型的主要倡导者。这家成立于1875年的银行已经学会了如何发展，以保持其全球领导地位。

像一个创业者那样行动

CEO是唯一一个可以在整个公司范围内推行创新思维的

人。你要充分发挥创新能力，**创造新的思考方式和行为模式，打造一个思想流动、决策灵活、注重结果的环境**。这种创新需要全面消除官僚主义，把失败当作学习的契机。要想形成这样的氛围，可以从高层开始定下公司文化的基调。当今世界，强大的传统与新鲜的态度碰撞在一起，可以产生出色的效果。如果你是一家初创公司的CEO，那么一定要从创业的第一天起就保持这种氛围。

CEO需要确保公司不断地进行自我创新，做出决策可以成为一种竞争优势，使你能够按计划执行。你的创业精神会让你拥有无限的好奇心和探索欲。

重建业务

初创公司缺乏公司记忆。从一方面来说，这很好，你能以开放的心态面对挑战，跳出思维定式。然而，从另一方面来说，这也意味着创始人可能缺乏经验。你的目的是结合现有的公司、行业知识，培养同样的发散性思维，不要让你的经验成为阻碍。

意大利一家汽车保险公司的CEO分享了他的观点。保险业在如何进行精确计算方面有明确的参数。他们提高了交叉销售的能力，开始使用大数据技术，以便更好地评估客户。然而，由于汽车传感器的出现，有关消费者驾驶方式的信息利用率正在改变整个行业。按里程付费等新政策出台，根据开车的里程或速度，会收取不同的费用。他们认识到这将给他们的商业模式带来挑战，所有以前的模式都会失效。因此，他们决定收购一家专门生产汽车传感器的公司，以便掌握更多技术，为客户开发新的服务。他们需要在不失去核心业务的前提下进行业务重建。

要么主动自我重建，要么别人迫使你进行自我重建。CEO需要根据公司的状况，找到最好的方式来推动创新，仔细考虑如何以及何时重建你的业务，否则将会为时已晚。

让做决策成为竞争优势

快速决策是大公司面临的严峻挑战之一。大胆点，瞬息万变的市场需要你具备快速决策和知错就改的新能力，快速做出决策并不代表着这个决策不够稳健。

CEO必须是第一个保持快速决策的人。我们召开了一个关于供应商谈判的会议。会议时间很长，主要是关于终端特性，以及对入围供应商的要求。我们面临的挑战是将选定供应商的决策过程从三个月缩短到三周。供应商们很高兴，哪怕是那些不符合要求的供应商，因为我们节省了他们的时间。这样，我们就节省了耗时长带来的成本支出，学会了如何在决策时提高效率。

有无限的好奇心

探索周围发生的事情是很好的学习方法，有利于理解他人的行为。提问是探索的最佳工具，应该培养优秀的提问能力，保持提问的习惯，这会极大地丰富你的知识。正如我们之前所说，要养成这个习惯，只需要有好奇心。我遇到过的大多数创业者都喜欢尽可能多地问问题。

每一次谈话都是学习的机会，CEO应该在整个公司中灌输这种思想，让员工更容易回答提出的问题，允许他们在日常工作之外建立项目，创造出一种跳出思维定式的思考方式。

我们希望通过鼓励创新来改善客户服务。我们创造了一个叫作“挑战杯”的比赛，比赛目的是解决不同业务的员工所面临的问题或机遇，以及解决特定的客户问题。如果团队成员来自不同的业务部门，促进相互协作，那么他们的得分会更高。每年有几百个团队参加比赛，能够调动数千名员工的积极性，非常鼓舞人心。为顾客付出额外努力的心态很重要，只有找到最好的方法，才能培养这种心态。

思考

推行官必须是变革的代言人。在这个维度上，胆识和创新是你要发展的核心能力。

· 你是变革的领导者吗？你如何向公司员工解释变革的原因？

· 如何区分大变革和小变化？

· 你是否促进了工作方式的变革？

· 你如何理解客户和竞争对手的市场？

· 你要怎么做才能成为数字化领导者？

· 快速响应是你的主要目标吗？为什么？

· 你喜欢什么创业属性？你认为你的业务可以运用到这些吗？以何种方式运用？